MOEWIG
SACHBUCH

Bewußt erleben

ZÄRTLICH LIEBEN

MOEWIG Band Nr. 3226
Verlag Arthur Moewig GmbH, Rastatt
Lektorat: Anne Kaiser

2. Auflage

Innenfotos: Studio Peter Winkler, München
Umschlagentwurf und -gestaltung: Werbeagentur Zeuner, Ettlingen
Verkaufspreis inkl. gesetzl. Mehrwertsteuer
Auslieferung in Österreich:
Pressegroßvertrieb Salzburg, Niederalm 300, A-5081 Anif
Printed in Germany 1987
Druck und Bindung: Elsnerdruck,Berlin
ISBN 3-8118-3226-3

Inhaltsverzeichnis

Zärtlichkeit ist allumfassend

Wäre die Liebe nicht so unbeständig, müßte Zärtlichkeit nicht erlernt bzw. trainiert werden. Solange die Liebe dauert, ist alles selbstverständlich; in der Liebe fallen sogar die Meister vom Himmel, und selbst ein Stümper gilt noch als Künstler. Einem Liebenden braucht man nicht zu sagen, er solle seiner Angebeteten zuhören, wenn sie etwas sagt. Eher müßte man ihm raten, sich nicht allzusehr an ihre Lippen zu hängen. Eine Liebende weiß, wie sie seine Hand halten muß. Und er benötigt keine Erläuterungen zu dem Thema „Streicheln des Kopfhaares bei Vollmond".

Aber wie sollte es anders sein: Auch die Liebe geht den Weg allen Fleisches. Für eine so ernste, mit Paragraphen, Kindern und Kosten verbundene Angelegenheit wie die Ehe ist die Liebe eine viel zu unsichere Sache. Auf die Liebe ist kein Verlaß. Sie kommt, wie sie geht: unberechenbar. Niemand kann für ihr Kommen oder für ihr Gehen verantwortlich gemacht werden. Solange aber dieses flatterhafte Gefühl herrscht, herrscht es so ausschließlich, daß zwei Liebende oft hart, ungerecht, ja gemein gegen andere werden. Da verläßt dann ein Mann wegen einer anderen Haus und Hof, Frau und Kinder, Beruf und Pensionsberechtigung. Liebe kann bei einem Menschen Bestes und Schlechtestes an die Oberfläche bringen. Die leidenschaftliche Liebe ist besonders egoistisch. Schon Tristan sagte zu Isolde: „Ich bin Isolde, und du bist Tristan." Der Liebende liebt so sehr, daß er mit dem anderen verschmelzen möchte.

Tristan will Isolde werden, aber auch Isolde muß zu Tristan werden. Bei weniger poetischen Liebschaften verlangt meist nur einer, daß der andere sich fügt. Daß der andere seine Wesenheit aufgibt, um so zu werden wie man selber ist. Sich einander anpassen oder sich aneinander abreiben, so nennt man diesen Prozeß.

Und erst die Wunden, welche die Liebe schlagen kann. Wenn man all die schlaflosen Nächte, die Tränen, das Bangen und Zittern, nicht zuletzt auch die Selbstmordversuche, von denen einige wirklich gelingen, betrachtet, wenn man all das abschätzt, dann versteht man, warum noch vor 2000 Jahren Liebe als Wahnsinn betrachtet worden ist. So bei den Griechen und Römern. Liebe ist wie eine Bombe mit Zeitzünder, wobei der Heldentod auf dem Feld der Liebe bei einer Explosion weniger tragisch ist, als wenn sich die Liebe als Blindgänger erweist. Nicht Tod, Verlassenwerden oder ein Seitensprung sind traurig. Traurig ist die Gleichgültigkeit zweier Menschen, die sich einst geliebt haben und sich jetzt gegenseitig nur noch anöden.

Ich sagte gerade, daß in der Antike Liebe als Wahnsinn abgetan worden ist. Die klassischen Helden dachten dabei natürlich nicht an Nächstenliebe, obwohl wir gerechterweise gestehen müssen, daß es damit bisher auch noch nicht so richtig klappt. Ja, es gibt böse Zungen, die behaupten, die christlichen Kirchen sinken eher auf das Niveau von Trachtenvereinen herunter, bevor es ihnen gelingt, in der Welt Nächstenliebe durchzusetzen, von Nächstenliebe in den eigenen Reihen oder gar in den Kirchenverwaltungen ganz zu schweigen.

Wahrlich, mit einer Liebe kann es auf die Dauer nur abwärts gehen. Daß es trotzdem viele Menschen gibt, die sich nach jahrelanger Ehe noch mögen, hat zahlreiche Gründe. Der wichtigste Grund dürfte sein, daß es gar nicht mehr die Liebe von einst ist, sondern eine angenehme Gewöhnung oder Wertschätzung.

Freud meinte, Zärtlichkeit sei sublimierte Sexualität. Ohne Zweifel sind Mensch und Tier vor der sexuellen Aktion meist zärtlicher zueinander als hinterher. Hinterher scheint oft nur ein wenig Traurigkeit zu herrschen. Oder Stolz. Wie bei dem Gockel, der von der Henne herab flügelschwingend auf den Gipfel des Misthaufens rennt und von dort in die Welt kräht: „Ich hab' sie gehabt! Ich hab' sie gehabt!"

Wir würden aber der Zärtlichkeit unrecht tun, wollte man sie nur als um eine Nummer zu klein geratene Liebe betrachten. Auch die Frömmsten und Anständigsten unter uns denken so sehr in den Kategorien Sex und Liebe, daß sie der Zärtlichkeit keinen anderen Platz einräumen können als höchstens den zwischen Sex und Liebe. Zärtlichkeit ist aber nicht mehr als Sex und nicht weniger als Liebe. Zärtlichkeit ist eine Haltung, Gesinnung. Zärtlichkeit ist eine Art Nächstenliebe, auch im christlichen Sinn, wenngleich Zärtlichkeit oft zu recht heidnischem Sex führen kann. Zärtlichkeit ist Nächstenliebe, von der man schon etwas auf dieser Erde profitiert. Zärtlichkeit ist wie Nächstenliebe, vielleicht auch ein Wechsel auf den Himmel, aber da bin ich mir nicht ganz sicher. Zärtlichkeit ist beständig. Vielleicht kann man heute einen Menschen lieben und ihn schon morgen hassen. Man kann aber bestimmt nicht heute zärtlich sein und morgen ein Menschenverachter. Zärtlichkeit kann zu einer allumfassenden Kultur werden. Liebe nicht. Man baut keine Häuser mit Dynamit. Nach dem Scheitern von 2000 Jahren christlicher Nächstenliebe und der Bürokratisierung des Sozialismus zu kalten Staatsungeheuern bleibt eigentlich nur noch der Versuch, zärtlicher mit uns Menschen und unserer Umwelt umzugehen. Aber lassen wir das Politisieren. Unterhalten wir uns lieber darüber, wie Sie besser mit Ihrem Partner oder Ihrer Partnerin zurecht kommen. Weder Sex noch Liebe werden Ihnen dabei so wertvolle Dienste leisten wie Zärtlichkeit.

Zärtlichkeit ist Höflichkeit zwischen den Menschen. Zärtlichkeit ist aber auch die Höflichkeit zweier Körper zueinander. Zärtlichkeit tröstet notfalls über das Fehlen von Sex und Liebe hinweg.

Zärtlichkeit erleichtert den Tod einer Liebe, weil Zärtlichkeit bleiben kann, wenn die Liebe stirbt.

Zärtlichkeit macht Sex ästhetisch, wenn die Liebe fehlt.

Zärtlichkeit verbindet Menschen, wenn Sex nicht in Frage kommt und es zur Liebe nicht reicht.

Zärtlichkeit ist nicht so ausschließlich wie Liebe. Zärtlichkeit hilft Gruppen bilden und zusammenhalten.

Zärtlichkeit heilt Wunden. Millionen Ehen existieren ohne viel Sex und noch weniger Liebe, aber auf der Basis einer gewissen Zärtlichkeit.

Wahre Zärtlichkeit will dem anderen etwas geben, will Vergnügen bereiten, ohne dafür belohnt zu werden.

Zärtlichkeit bietet für das Zusammenleben von Menschen eine viel breitere und belastbarere Basis als Liebe. Die Fähigkeit zur Zärtlichkeit ist uns gegeben, Liebe dagegen ein zweifelhaftes Geschenk launischer Götter.

Zärtlichkeit scheint lebensnotwendig zu sein, Liebe nicht. Verhaltensforscher nahmen Affenbabys ihre Mütter weg und gaben ihnen dafür einen Ersatz, in dem einen Fall ein Drahtgerüst, das Milch lieferte. Eine andere Ersatzmutter lieferte zwar keine Nahrung, dafür aber kuschelige Wärme. Die Oberfläche dieser Ersatzmutter bestand aus weichem Stoff.

Natürlich haben Sie das Ergebnis des Versuches bereits erraten: Die Affenkinder, die sich an Stoffmütter schmiegen konnten, entwickelten sich viel normaler, also weniger neurotisch als jene armen Geschöpfe, die mit einer milchspendenden Drahtpuppe auskommen mußten. Ernähren kann sich zur Not ein Affe auch aus einem Drahtapparat, aber ohne Zärtlichkeit wird er krank.

Liebe kann man nicht lernen. Wie lächerlich zu glauben, aus verbesserten Sextechniken entstünde Liebe. Wohl aber läßt sich Zärtlichkeit lernen. Zärtlichkeit bedeutet hier keine Allerweltszärtlichkeit, sondern eine Zärtlichkeit, die zu Sex, aber auch zu Liebe, oder besser noch zu Sex *und* Liebe führen kann. Sollte der Zärtlichkeit nur Sex, aber keine Liebe folgen, – na gut. Liebe mit Sex ist zwar wesentlich schöner, aber Sex ohne Liebe ist besser als gar nichts.

Zwei Menschen, die miteinander nur Sex erleben, bleiben Fremde. Menschen, die sich lieben, sind für die Zeit dieses Gefühls eins. Zwei Menschen, die sich Zärtlichkeit geben, aber werden Freunde. Und Freundschaft überdauert oft Sex und Liebe.

Wie sag ich's meinen Lesern?

In einem Gespräch über Liebe und ihr Umfeld stört nichts so sehr wie die Sprache. Und am meisten stören dabei gewisse Wörter, vor allem, wenn man auf gut deutsch über Erotik und Sex sprechen muß. Aus besonderen historischen Gründen, deren Aufklärung weder Ihrem noch meinem Intimleben helfen würde, kann man über Sexuelles auf deutsch entweder nur sauigeln oder in der schwülstigen Sprache eines Barockdichters verkehren. Apropos verkehren. Sehen Sie, in einem anständigen italienischen Volkslied lädt ein Mann seinen Schatz aufs Boot ein, per far l'amor. „Um uns zu lieben" würden wir übersetzen, aber ziemlich vage, denn die beiden lieben sich natürlich auch dann, wenn sie sich zum Beispiel nicht sehen. Anders ausgedrückt: Es ist ein Armutszeichen der deutschen Sprache, daß wir keine Entsprechung haben für fare l'amore, faire l'amour, to make love. „Sich lieben" ist eine sprachliche Katastrophe. Ich liebe meine Kinder, und ich liebe meine Frau. Unter den meisten Aspekten des Lebens liebe ich meine Kinder mit der gleichen Liebe wie meine Frau, aber dann kommen Stunden, da liebe ich meine Frau doch ganz, ganz anders. Und für dieses ganz, ganz anders verfügen wir nur über Ausdrücke, die sich vorwiegend für Kloinschriften eignen oder für gestelzte Schwulstigkeiten.

In diesem Buch bediene ich mich einer Sprache, wie ich sie im Umgang mit Patienten verwende. Zugegeben, es ist traurig, auf einem „Lehrgang für Zärtlichkeit" im weißen Kittel der Wissenschaft herumlaufen zu müssen, der jede Poesie erledigt. Aber was soll ich tun? Ich bin kein Franzose, der über so feine Nuancen wie „cuissade" oder „coupade" verfügt. Ein deutscher Autor muß schön brav umschreiben und sagen: „Einführung des Penis seitlich von hinten" bzw. „Einführung des Penis ganz von hinten". Bedauerlich. Ich meine natürlich nur den Ausdruck. Vielleicht gestehen Sie mir aber zu, daß es auch in der Erotik und beim Sex nicht ohne den Schall und Rauch der Wörter geht. Um also niemandem weh zu tun, verwende ich jeweils den medizinischen Fachausdruck, was aber auch nicht immer ganz ungefährlich ist, wie folgende Geschichte beweist.

Eine junge Patientin klagte einem Arzt allerlei unklare Beschwerden, die der Medizinmann bald auf sexuelle Frustration zurückführen konnte. Schließlich meinte er: „Sie sollten öfter Koitus haben." Die junge Frau schien aber dieses Wort noch nie gehört zu haben, und der Doktor genierte sich, deutlicher zu werden. „Bringen Sie doch nächstes Mal Ihren Mann mit!" sagte er.

Als beide kamen, meinte der Arzt zum Ehemann: „Sie sollten mit Ihrer Frau öfter Koitus haben." Aber auch der Mann hatte noch nie etwas davon gehört. Kleinlaut sagte er: „Wenn das so gesund für meine Frau ist, könnten Sie dann nicht den Koitus für mich machen?" Der Ehemann war so ratlos, die Frau so appetitlich und der Doktor so hilfsbereit, daß er die Patientin auf die Untersuchungsliege plazierte, von hinderlicher Kleidung befreite und dann seine Hose öffnete. Gespannt schaute der Ehemann zu und murmelte schließlich: „Wenn ich nicht wüßte, daß der Doktor meiner Frau Koitus macht, würde ich sagen, er bumst sie."

In Ihren vier Wänden sollten Sie natürlich eine wirklich erotische Sprache mit Ihrem Partner sprechen. Übrigens, wenn in diesem Buch von „Partner“ die Rede ist, dann kann es sich sinngemäß genauso um „Partnerin“ handeln. Sie ersparen sich doch bestimmt gern, daß Sie immer wieder lesen müßten: „der Partner bzw. die Partnerin“ oder schöner noch: „der (die) Partner(in)“.

Zurück zu Ihrer Privatsprache. Es gehört mit zum Charmantesten des glücklichen Zusammenlebens mit einem Menschen, daß sich im Lauf der Zeit eine Sprache entwikkelt, deren genaue Bedeutung nur die zwei verstehen. Da sagt ein Mann in einer langweiligen Gesellschaft laut zu seiner Frau: „Bevor ich's vergesse: Ich hab' heute den Emil gesehen. Er war ganz aufgeregt. Er will sich heute noch melden.“ „Oh, dann müssen wir jetzt aber leider gehen“, wendet sich die Frau an die Hausherrin und erklärt: „Wissen Sie, Emil ist der beste Freund meines Mannes und ein guter Bekannter meiner Schwester. Emil können wir nicht versetzen. Wir dürfen also mit Ihrem liebenswürdigen Einverständnis rechnen, wenn wir uns jetzt verabschieden. Es war ein reizender Abend. Und nochmals vielen Dank.“

Auf der Heimfahrt werden die beiden wahrscheinlich schon eine klarere Sprache sprechen. Vielleicht streichelt sie bereits Emil und bittet ihn noch um etwas Geduld.

Zu Hause im Bett unterhalten sich die beiden dann wahrscheinlich auf einem nochmals anderen Sprachniveau. Da kann es dann sein, daß Damen, wirkliche Damen, Ausdrücke verwenden, die im krassen Gegensatz zu ihrer sonstigen Wortwahl stehen. Nirgendwo gilt Goethes Satz mehr als auf dem Gebiet der Zärtlichkeiten: „Erlaubt ist, was gefällt.“

Sollten Sie mit Ihrem Partner noch nicht eine eigene

Sprache der Erotik und Sexualität entwickelt haben, dann wird es höchste Zeit, damit zu beginnen.

Wie Sie damit anfangen sollen? Nennen Sie doch einmal den erigierten Penis Ihres Partners voller Stolz „weißer Riese“ oder geben Sie ihm einen anderen imposanten oder lieben Namen. „Sie ist kommunistisch geworden“, sagte einmal eine Französin, und erklärte damit ihrem Freund, warum sie heute weniger spontan auf seine Zärtlichkeiten reagierte.

Eine Patientin erzählte mir einmal, wie sie bei ihrem etwas gehemmten Mann den Einstieg in die Intimsprache fand. Sie saßen abends im Garten unter einem herrlichen Sternenhimmel. Die Kinder waren schon lange im Bett, und er schwärmte vom Wetter. „Ja“, seufzte sie ein wenig, „ich hätte es gern, wenn bei dir auch schönes Wetter wäre.“ „Bei mir? Was willst du damit sagen?“ „Denk mal an das Barometer!“ Er verstand immer noch nicht. „Siehst du“, erklärte sie, „wenn schönes Wetter ist, dann steht der Zeiger hoch.“ Und seitdem informieren sich die beiden meteorologisch. Sie fragt: „Wie wird das Wetter?“ Er: „Vieles deutet auf schön“. Darauf sie: „Ich hätte nichts gegen ein ausgedehntes Hoch.“ Jetzt weiß er ganz genau, woher der Wind weht.

Übernehmen Sie aber bitte nicht Ihre Intimsprache aus einer früheren Liaison. Das könnte geschmacklos, wenn nicht gar grausam sein. So redete eine Frau das Glied ihres neuen Freundes bei der erstbesten Gelegenheit mit „Hansi“ an, und der neue Freund wußte zufällig, daß ihr alter Freund Hans geheißen hatte.

Nein, jedes Paar muß seine eigene Sprache entwickeln,

und wir Männer sollten es dabei unseren Frauen überlassen, den Ton anzugeben. Sie können es nicht toll genug mit Ihrer Partnerin im Bett oder auf dem Küchentisch treiben, Sie brauchen deswegen aber noch lange nicht wie ein Zuhälter über Sex zu reden, es sei denn, Ihre Frau hat das gern. Sollten Sie aber wissen, Gnädige Frau, daß Ihr Mann mit Wörtern im allgemeinen nicht so wählerisch umgeht, es ihm aber einen Heidenspaß macht, ihn vielleicht sogar anregt, wenn er sauigeln kann, dann horchen Sie halt ein bißchen weg. Er ist doch ein guter Kerl, und er nimmt Ihnen auch die härtere Arbeit ab, wie Schneeketten aufziehen, das verstopfte Klo reparieren oder die Waschmaschine von einer Kellerecke in die andere zu transportieren. Da braucht er doch dann nicht jedesmal im Duden nachzuschauen, ob es das betreffende Wort in der Hochsprache auch gibt.

Wenn Sie bisher mogeln mußten

Sie können sich gar nicht vorstellen, wie viele Menschen schon jahrelang mit ein und derselben Person sexuell verkehren und sich – infolge gelungener Verstellung – völlig falsch einschätzen. Meist hat der Partner von dieser Tragödie nicht die leiseste Ahnung. Im Gegenteil: Er – oder sie – nimmt an, alles sei in bester Ordnung.

Da war einmal eine junge, sehr hübsche Frau, gepflegt, gebildet, begehrenswert. Ihr Mann aber beklagte sich, daß sie so gar keinen Sinn für Erotik und Sex habe. Von den vier Wochen im Monat sei sie eine unwohl. Und die restlichen drei ließe sie sich bitten und betteln. „Von wegen selber mal zu mir ins Bett kommen", sagte er und winkte mit der Hand ab. „Oder wenn ich mich am Wochenende mal mittags hinlege . . ." Der Mann war fest überzeugt, entweder mit einer Lesbierin oder einer Frigiden geschlagen zu sein.

Gewisse Umstände erlaubten uns einen Einblick in ihr Intimleben. Mit einem Satz: Diese Frau war ein Hochofen. Man sagt, der Mensch habe erogene Zonen. Diese Frau aber war eine einzige erogene Zone. Sie gestand, daß sogar eine gynäkologische Untersuchung sie erregen würde. Sie konnte sich nicht massieren lassen, weil dabei ihre Brustwarzen groß und hart wurden und weil es dann in der Massagekabine verdächtig nach „Lust und Sünde" roch. Als sie sich später einen Geliebten nahm, erlebte sie während eines einzigen Koitus bis zu dreißigmal einen Orgasmus. Und ihr Mann hielt sie für total asexuell. Sie lehnte diesen

Mann ab, sie lehnte vor allem seine Art von Zärtlichkeit ab. Sie war zu dezent, um anzudeuten, was sie an ihrem Mann als Liebhaber störte. Sie gab sich aber auch nie die Mühe, ihm einen Orgasmus vorzuspielen.

Und gerade das tun sehr viele Frauen. Der Tenor dieser Geständnisse lautet etwa so: „Ehrlich gesagt, ich mache mir aus Sex nicht viel oder gar nichts. Damit mein Mann zufrieden ist und Ruhe gibt, spiele ich ihm einen Orgasmus vor. Das macht ihm Spaß. Außerdem würde er mir leid tun, wenn er das Gefühl haben müßte, er bringt mich nicht dazu."

Wenn Sie Ihrem Mann einige Zeit lang so ein Theater vorgespielt haben, dann setzen Sie jetzt um Himmels willen nicht zum großen Geständnis an. Sagen Sie also nicht: „Du, wir müssen endlich einmal eine alte Angelegenheit bereinigen. Ich habe es satt, weiterhin die Beglückte zu mimen. Du hast mich nämlich bisher noch nie befriedigt."

Sie können natürlich so vorgehen, wenn Sie folgendes erreichen wollen: ab sofort auch in anderer Hinsicht unglaubwürdig zu sein; Ihren Mann aus dem Haus zu verjagen oder zumindest in die Arme einer dankbareren Partnerin. Vielleicht knicken Sie seinen männlichen Stolz so sehr, daß er bei Ihnen impotent wird. Dann wird er wahrscheinlich aber bald wissen wollen, ob es nicht bei einer anderen doch noch geht. Und das auszuprobieren, ist sein gutes Recht. Soll Ihr Mann auf seinen größten Spaß und seine beste Entspannungsübung verzichten, nur weil Sie vielleicht ziemlich verklemmt sind und aus irgendeinem Grund nie etwas dagegen unternommen haben? Wollen Sie gar noch für Ihre Opferbereitschaft bewundert werden? Warten Sie bitte noch etwas, dann erfahren Sie, wie Sie eine weniger edle Frau, aber eine bessere Geliebte werden.

Da gibt es aber auch Partnerinnen, die sozusagen den Po voller Pfeffer haben, es aber ihrem Mann nicht zu zeigen wagen, weil er sich sonst vielleicht denken könnte: Mannomann, die muß ja eine Erfahrung haben! Wo sie das nur alles her hat?

Deswegen ein Tip: Verschießen Sie bei den ersten Begegnungen mit einem neuen Partner nicht sofort Ihr ganzes Pulver. Steigern Sie die Chose. Sagen Sie ihm, besser noch, flüstern Sie ihm ins Ohr: „Ich hätte es nicht für möglich gehalten, was ein Mann wie du aus einer Frau machen kann! Wenn das so weitergeht, werd' ich bei dir noch zur Nymphomanin!" So etwas hören wir Männer gern.

Es gibt aber auch sehr viele Männer, die ihren Partnerinnen Theater vorgaukeln. Sie träumen von Sexspielen, sie träumen von Dreiergruppen, und sie werden ganz depressiv bei dem Gedanken, daß in einigen Jahren alle Sexherrlichkeit für sie vorbei ist und sie das und jenes noch nie erlebt haben. Und weil ihr Mann sich nie beschwert und auch nie einen besonderen Wunsch äußert, hält sie sich für eine ganz passable Partnerin. Jedenfalls soll er froh sein, so eine Frau zu haben, meint sie.

Auch Ihnen, mein Herr, sei geraten, dieses Buch nicht als eine Aufforderung zu betrachten, mit der Faust auf das Bett zu schlagen und zu schreien: „Ab sofort wird alles anders!" Sie würden sehr viel zerstören. Bitte, seien wir auch mit Worten zärtlich zueinander! Seien wir meinetwegen christlich zueinander, das heißt: lieben wir unseren Partner so wie wir uns selber lieben. Und wer hört schon gern, mit ihm sei nicht viel los? Selbstbewußtsein ist das wichtigste Kapital eines Mannes.

Am besten sprechen Sie im Bett über Sex. Und dann

können Sie auch am unauffälligsten langgehegte Wünsche anbringen.

Sind Sie, Gnädige Frau, der Ansicht, Ihr Mann kommt zu schnell zum Hauptgericht, wie können Sie ihn dann diskret zu Vorspeisen einladen? Sagen Sie ihm doch: „Meine Muschi (oder wie Sie Ihr liebstes Schwesterchen sonst noch nennen) ist ganz eifersüchtig auf meine Brüste, weil du so schön mit ihnen spielst. Und wie herrlich du daran knabberst. Möchtest du nicht mal runtersteigen und es dort unten auch so machen? Ich glaub', ich würde wahnsinnig!" So sehr Ihr Mann Ihren Verstand beim Einkaufen, Haushaltführen und Autofahren schätzt – in diesem Punkt macht er Sie bestimmt gern wahnsinnig.

Nehmen wir an, Sie wünschen sich schon lange, daß Ihr Partner Ihre Vulva oder Ihre Klitoris mit Lippen und Zunge stimuliert. Zeigen Sie es ihm doch erst einmal an seinem eigenen Glied, wie schön das sein kann. Und wenn er dann vor Vergnügen jauchzt und stöhnt, fordern Sie ihn lachend auf: „So, jetzt bist du bei mir dran! Wie ich dir, so du mir!"

Es könnte natürlich immer noch sein, daß er aus bestimmten Gründen – Erziehung, Religion, schlechte Erfahrungen mit ungepflegten Frauen oder ganz einfach Abneigung gegen den fischigpilzigen Geschmack einer erregten Vagina – eine Abneigung dagegen hat. Vielleicht sagen Sie ihm dann: „Ich habe mich ganz sauber gewaschen. Und vom hygienischen Standpunkt aus sind Küsse auf den Mund viel verdächtiger als Küsse dort unten." Und wenn Sie dies sagen, und wenn Ihr Partner dies glaubt, dann liegen Sie auch naturwissenschaftlich richtig.

Vielleicht wünschen Sie sich, lieber Leser, schon lange, daß Ihre Partnerin in Ihrem Penis nicht nur einen Nothelfer in der Bedrängnis des Alltags erblickt, sondern ein nettes Spielzeug für freie Stunden. Anders ausgedrückt: Sie wollen nicht mehr hören: „Dann steck ihn halt in Gottes Namen rein", sondern Sie wollen einmal auch schön gemütlich auf dem Rücken liegen und sich von Ihrer Lieblingssklavin anknabbern lassen. Aber Ihre Frau kommt und kommt nicht auf diesen Gedanken. Aus irgendwelchen Gründen. Sicherlich wird Sie Ihnen einige nennen, wenn Sie sie danach fragen. Vielleicht erzählen Sie ihr dann, daß drei Viertel aller Frauen nicht nur mit Herz und Hand, sondern auch mit Lippen und Zunge lieben. Also kann diese Praktik doch gar nicht so etwas Verwerfliches oder Unappetitliches sein. Besser noch, Ihr Mund reizt Ihre Frau fast bis zum Orgasmus, und dann bitten Sie sie, es Ihnen mit gleicher Münze zurückzuzahlen. Aber immer wieder: Sprechen Sie über Ihre geheimsten Wünsche! Auch wenn Ihre Partnerin Sie einmal fragen sollte, ob Sie nicht manchmal mit einer anderen Frau schlafen wollten. Sagen Sie dann ehrlich: „Ja." Und Sie können mit bestem Gewissen hinzufügen: „Du wirst dir wahrscheinlich auch hin und wieder überlegt haben, wie es wohl der Fritz oder der Konrad macht." Und wenn Ihre Partnerin so ehrlich wie Sie ist, muß sie bejahen. Vielleicht bringt so ein offenes Gespräch Sie auf andere, neue Gedanken und auf andere, neue Abenteuer. Vergessen Sie nicht: Die Basis der Erotik und der Sexualität ist Neugierde. Alter Trott kann Tod bedeuten.

Am besten bringen Sie intime Wünsche an, wenn Ihr Partner sexuell erregt ist. Da überwindet er am leichtesten Hemmungen, ist er am ehesten zu Experimenten bereit.

Aber eines machen Sie bitte nie: Ihren Partner kränken. Eine meiner Patientinnen kam mit ihrem Mann nicht mehr zurecht. Sie stritten sich, sie sprachen von Trennung, aber im Bett versöhnten sie sich immer wieder. Bis eines Tages die Frau ihm vorwarf: „Ich habe dir bis jetzt nur Theater vorgespielt. In Wirklichkeit bist du als Mann eine Niete." Das stimmte nicht, und sie hatte es nur gesagt, um ihm gehörig eins auszuwischen. Ab sofort sprach er nicht mehr von Trennung. Er führte sie drei Tage später durch.

Vielleicht liegt Ihr Fall ganz anders, vielleicht sagen Sie sich: Ich gehe jetzt auf die fünfzig zu, ich bin seit fünfundzwanzig Jahren verheiratet, und wir haben Enkelkinder. Was soll ich da noch eine „Sexkarriere" anfangen? Mein Mann hätte es bestimmt manchmal heißer lieber oder immer lieber heißer. Solange ich es nicht erfahre, kann er sich meinetwegen auch einmal mit einer anderen herumbalgen. Aber jetzt noch mal von vorne anfangen . . .. Nein!

Nur als Einschiebsel: Neulich las ich ein Interview mit einer Schauspielerin, einer schönen, erfolgverwöhnten Frau. Was sie sich noch wünsche, fragte sie der Journalist: Und die Frau, mit ihren fünfundsechzig Jahren: „Wieder einmal so verliebt zu sein wie mit zwanzig Jahren."

Wenn Sie klug sind, dann wünschen Sie sich so etwas. Wahrscheinlich haben Sie sowieso schon alles, was Lebensstandard vernünftigerweise bieten kann. Warum wollen Sie eigentlich nicht Ihren Liebesstandard erhöhen? Dabei verschmutzen Sie nicht die Umwelt, erschöpfen nicht die Vorräte der Erde, dabei tun Sie etwas für Ihre Gesundheit und Ihr Aussehen. Wirklich, Sie sollten mehr an sich denken! Und an die Gefahren, die Ihnen drohen, wenn Sie es nicht tun. Glauben Sie mir: Sie haben viel mehr von einem guten Liebesstandard als vom besten Lebensstandard.

Heiliger Egoismus

Stellen Sie sich bitte vor, liebe Leserin, Sie wollen eine Bluse kaufen, keine aus Brokat oder echter Seide, nur so ein leichtes Textil für heiße Tage und die Waschmaschine. Ich nehme an, Sie wählen trotzdem jene Bluse, die Ihnen am besten steht und von der Sie das meiste haben. Und wenn Sie, lieber Leser, sich Baumwollsocken oder ein Auto kaufen, werden Sie auch für Ihr Geld den größten Gegenwert zu bekommen versuchen. Was halten Sie von einer Hausfrau, die ein schönes Stück Fleisch in einen zähen, trockenen Braten verwandelt? Was von einem Mann, der ein Sportkabriolett wie einen Traktor fährt? Was von einem Verkäufer, der den Kunden seines Lebens am Wickel hat und dann den Auftrag vermasselt?

Jeder Mensch, der noch einigermaßen bei Trost ist, versucht, das Beste aus seiner jeweiligen Lage zu machen. Aus seinen Aktien, aus seiner Behausung, aus seinem Heizöl, aus seinem Hund. Es gibt Genies, die etwas aus nichts zu machen verstehen. Sie werden reich, ihr Name steht in den Zeitungen, und eines schönen Tages hängt ihnen irgendein Mensch, den das Bundesverdienstkreuz schmückt, ein Bundesverdienstkreuz an die Brust. Daß wir das Beste aus Rechnen, Schreiben, dem Fernsehangebot, Kochen, Einkaufen, Verkaufen, Hobeln, Autofahren, Reden oder Schlittschuhlaufen machen, das ist doch ganz klar.

Machen Sie aber auch immer das Beste aus Ihrem Partner, Ihrer Partnerin? Einen Teil meines Lebensunterhalts beziehe ich von Menschen, die Ämter und Firmen gut verwalten, die einen vorbildlichen Haushalt führen, die ordentlich Tennis spielen oder geschickt die Pinne eines Segelboots handhaben, die aber nicht oder nicht mehr mit dem Menschen zurecht kommen, der ihnen am nächsten steht.

Da liegen der Franzl und seine Zenzi im Heustadl. Spinnweben statt Vorhängen an der Dachluke, kein teures Spezialbett mit Senk- und Hebevorrichtungen, weder ein- noch dreiteilige Matrazen, nur ein paar aufdringliche Fliegen über seinem Hintern und einige Käfer im Heu unter ihr. Und trotzdem würden die beiden in ihrem Glück auf Hilton und Buckingham pfeifen. Im übrigen, sie wissen gar nicht, was das ist. Aber sie sind selig. Und wie sie stöhnen, wie sie grunzen, wie sie schreien! Ich war dabei, als hohe Orden verliehen wurden, ich war dabei, als Firmenchefs Spitzengewinne verkündeten, ich war dabei, als Oberkellner die Kochkünste von Paul Bocuse servierten, ich war dabei, als Villen mit Seegrundstück eingeweiht wurden. Aber ich habe nie jemanden so vergnüglich grunzen und so glücklich jammern hören, wie damals Zenzi im Heu. Und ich war dabei, als gestandene Männer bekannten, die Liebe zu einer Frau habe sie so gepackt, daß sie bereit seien, Weib und Kinder und Geschäft und Vorstandsposten zu verlassen. Ich war dabei, als Frauen erzählten, sie würden vor ihrem Ekel von Mann noch in ein Kloster fliehen. Und ich war dabei, als Männer mit steifer Oberlippe heilige Schwüre schwuren, sie hätten jetzt die Nase endgültig voll von dem keuschen Getue ihrer Frauen. Und oft bin ich dabei, wenn eine Frau erzählt, ihr Mann arbeite 12 bis 14 Stunden für Kunden, für die Firma, für die Partei, für den Verein und habe dann keine Zeit mehr für sie, für die Kinder, nur noch für seinen

Papagei, für den Fernseher oder für seine elektrische Eisenbahn reicht es. Zum Glück war ich noch nie dabei, wenn einer meiner Klienten von seiner Frau aus dem Bett gejagt wird, weil er die Hose nicht über den Bügel gelegt hat.

Aus der Weltgeschichte wissen Sie so gut wie ich, daß Kriege entstanden sind aus Liebe und Liebesleidenschaft, daß Kronprinzen in einer Nacht hundert und mehr Meilen geritten sind, um ein Stündchen mit ihrer Geliebten zu verbringen. Und täglich steht in den Zeitungen zu lesen, daß einer aus Liebe seine Frau vergiftet und daß eine zarte Frau ihren Mann mit einem Beil erledigt hat, weil . . . Ja, weil . . .

Bleiben Sie mir vom Leib mit Ihrem Franzl und seiner Zenzi, lassen Sie mich in Ruh mit Ihrem verliebten Kronprinzen, so mögen Sie jetzt vielleicht denken. Was ich sagen wollte: Ich kenne einige Frauen, die beim Orgasmus das Bewußtsein verlieren. „Den süßen Tod sterben" nennen diesen angenehmen Zustand die Franzosen. Ich kenne aber keine Frau, die vor Freude ohnmächtig wurde, weil sie einen Nerz bekam oder weil ihr Mann es zum Generaldirektor brachte.

Ich kenne auch keinen Mann, den eine unkontrollierbare Erektion überwältigte, als seine Frau mit einem neuen Gesicht aus der Klinik für plastische Chirurgie heimkehrte. Aber ich kenne Ehepaare, die glücklich in Wohnungen hausen, welche den Vorschriften der Baupolizei widersprechen. Und ich kenne Ehepaare, die in den Luxusapartments darüber wohnen und sich nichts zu sagen und nichts mehr zu geben haben.

Ich weiß nicht, liebe Leserin, wie alt Sie zur Zeit sind. Ziehen Sie bitte Ihr jetziges Alter von 74 ab. Nach der Gesundheitsstatistik werden Sie noch so viele Jahre leben, wie die Differenz 74 minus Ihr jetziges Lebensalter ausmacht. Sie, lieber Leser, werden laut Statistik zwei Jahre weniger lange leben. Natürlich wünsche ich Ihnen, daß Sie so lange leben, wie Sie es wollen. Aber bleiben wir bei den Fakten! Ich möchte nur eines, und deswegen dieses Buch: daß Sie in einer nicht immer sehr angenehmen Welt das Beste aus Ihren Jahren machten. Mit Zärtlichkeit und Liebe.

Wahrscheinlich erinnern Sie sich noch: Vor etwa zehn Jahren trat ein gewisser Herr Kolle auf und brachte uns mit ebenso großem Sendungsbewußtsein wie Gespür für Finanzen bei, wie wir uns zu lieben haben. Die sexuelle Revolution in Deutschland nahm ihren Anfang. Man reibe seinen Penis so oder so an der Klitoris, sagte Kolle, ein Mann liebkose den Po seiner Frau so oder so, und die Frau revanchiere sich mit gelinder Ausdauer am Penis ihres Partners so oder so. Und wenn Kolles Filmen zu trauen war, dann erstarben spätestens nach fünf Minuten die beiden massierenden, reibenden und stoßenden Partner in einem Taumel der Glückseligkeit. Leider ging in der Zeit nach Kolle die Ehescheidungsrate nicht zurück. Im Gegenteil, sie stieg, trotz größerer Scheidungskosten. Sollte die Technik des Streichelns, Reibens und Leckens doch nicht das Wahre sein? Auch im Bordell wird perfekt gerieben und geleckt.

Bei den alten Griechen war Eros eine Gottheit, bei uns ist er ein Problem, und für viele ist Eros immer noch eine Sauerei. Im Altertum oder im Mittelalter, als Großfamilien in einem einzigen Raum schliefen, sich dort vermehrten und dort Kinder geboren wurden, konnte die Geschlechtlichkeit und das bloße Sehen der Genitalien nicht so verheerende Folgen haben wie heute noch viele Menschen glauben. Damals wußte man, weil man es täglich erlebte: Geschlechtliches ist körperlich wie Essen und Trinken. Erst später wurde Geschlechtliches als das Intimste des Menschen, als seine Psyche, als sein Geist erklärt. Als diese Philosophie aufkam, herrschte auch die Ansicht vor, daß eine höhere Tochter, um sich abzulenken, lieber ein Loch in ein Stück Stoff schneiden und es dann wieder zunähen solle, als etwas anderes zu tun. Nach und nach wurde eine erträumte Vorstellung von Ehe zur Vorstellung von der Liebe. Den Gegenpol bildete George B. Shaw, der vorschlug, die Ehe als Fortpflanzungsinstitution abzuschaffen. Die Zeugung gesunder Kinder habe nichts mit Liebe, Romantik oder Prüderie zu tun.

Kann man nun zehn Jahre nach Kolle oder dreißig Jahre nach Shaw von einer Revolution sprechen? Mit den meisten Revolutionen hat die sexuelle Revolution der letzten Jahre vieles gemeinsam: Einiges hat sich verändert, nur die eigentlichen Probleme, die sie lösen wollte, blieben die gleichen.

Geändert hat sich: Sex wurde ein offizieller Gesprächsstoff. Wer nicht hinterwäldlerisch erscheinen will, spricht von seinem Orgasmus, besser noch von seinen multiplen Orgasmen. Sehr gut nimmt es sich aus, von einem Urlaub in einem FKK-Camp zu erzählen und zu betonen, daß man sich auch nicht das geringste gedacht habe, als man die Nachbarin unter der Dusche Intimes waschen sah.

Gern gehört wird in Gesellschaft das elterliche Bekenntnis, die Tochter sei mit ihren vierzehn Jahren schließlich auch nur ein Mensch und deswegen habe man den jungen Leuten ein bißchen Vergnügen gegönnt und sei mal schnell um den Hausblock gebummelt.

Schließlich ist Pornographie ein Bestandteil der ernsthaften wie auch der trivialen Literatur geworden.

Trotz all dieser prächtigen Rebellionen klagen etwa ein Drittel aller weiblichen und männlichen Patienten über sexuelle Probleme. Erektionsschwäche, vorzeitiger Samenerguß, Frigidität, Orgasmusschwierigkeiten. Sollten Sextechniker doch nicht auf alle Fragen eine Antwort haben? Wichtiger noch: Wesentlich mehr Patienten als früher haben etwas am Verhalten ihres Partners auszusetzen: Hemmungen, Ungeschicklichkeiten, mangelndes Einfühlungsvermögen, Taktlosigkeit, langweilende Routine, Desinteresse.

Die Erzkonservativen unter uns werden sagen: Diese Entwicklung zur Unzufriedenheit ist ganz natürlich. Die Schilderung, was alles im Intimbereich möglich ist, erzeugt eine Erwartungshaltung, vielleicht sogar eine Erwartungsneurose. Ein Mädchen von fünzehn oder sechzehn Jahren, das im Film sieht, wie eine berühmte Schauspielerin vor Wollust die Augen verdreht, wenn ihr ein berühmter Schauspieler die Armbeuge streichelt, muß sich einfach falsche Vorstellungen machen, wie leidenschaftlich sie sich erst fühlen wird, wenn sich ein geliebter Mann in ihren intimsten Bereich vorwagt. Das Mädchen träumt und träumt, bis es dann auf dem Rücksitz eines Mittelklassewagens oder auf einer Alleebank die Wirklichkeit erfährt.

Die mit sich zufriedenen Partner brauchten keine sexuelle Revolution, und diejenigen, die sie gebraucht hätten, denen hat sie nichts gebracht. Die üblichen Sexratgeber auf dem Büchermarkt erhöhen meist nur noch die Erwartungshaltung der Sexgeschädigten. Aus religiös-ökonomisch-politischen Gründen, die ich Ihnen aufzählen könnte, Ihnen aber als völlig nutzlos erspare, aus sehr gelehrten Gründen also wurde in einer Leistungsgesellschaft auch und gerade unser Körper zu einem Leistungsorgan, aber nicht zu einem

Lustorgan. Die sexuelle Revolution machte sogar noch aus der Lust einen Leistungsfaktor. Aus der Unsicherheit und der Frustration sollte dann ein Überangebot an Liebestechniken herausführen. Liebestechniken bringen aber nichts, wenn im Kopf, der wichtigsten Schaltstelle sensorisch-motorischer Reaktionen, Blockaden vorhanden sind. Aufklärung und Wissen sind machtlos gegen ein falsch programmiertes Unterbewußtes. Die sexuelle Revolution findet erst dann statt, wenn Ängste und Hemmungen abgebaut und eine neue, spielerische Sinnlichkeit aus einer partner-orientierten Sensibilität erwächst. Weniger gelehrt können wir sagen: Wir lieben mit dem Herzen, wir treiben Sex mit dem Kopf, und Ihr bester Freund, lieber Leser, den Sie stets mit sich herumtragen, reagiert dann ganz von selber nach Ihren Wünschen.

Wir wollen uns aber nicht mit charmanten Halbheiten begnügen. Es stimmt mich immer ein wenig rührselig, wenn mir eine Frau erzählt: „Mein Mann ist meist vor mir fertig, und in dieser Hinsicht habe ich nicht allzu viel von ihm. Aber ich vermisse eigentlich nichts. Er ist lieb zu mir und zu den Kindern . . .“ Liebe und Verstehen sind ein Ersatz für vieles, und eine Frau würde einen lieben, verständnisvollen Mann, der aber im Bett alles anders als ein Held ist, nie gegen einen rücksichtslosen, gefühllosen Sexbold eintauschen. Die Frau hat aber gesagt: „Ich vermisse *eigentlich* nichts.“ Dieses *eigentlich* ist ein wesentlicher Punkt. Einen wesentlichen Punkt berührt auch ein Mann, wenn er sagt: „Ich kann mich über meine Frau nicht beklagen. Sie führt den Haushalt wunderbar, lernt mit den Kindern, ist immer für uns da, aber manchmal wünsche ich mir schon, sie sollte eigentlich etwas mehr Interesse an Sex haben . . .“

Ist ein gelungener Bungalow eine Entschuldigung für

schlechte Kochkunst? Ersetzt eine saubere Unterhose den Smoking? Was nützt dem Durstigen der Hinweis, er könne ja notfalls ein Sandwich essen? Gerade in partnerschaftlichem Zusammenleben sollen wir das eine tun und das andere nicht lassen. Treusorgende Liebe für die Familie ist kein Entschuldigungsgrund für Tolpatschigkeit oder Faulheit im Bett. Zärtlichkeit ist aber auch alles andere als knochenlose Weichheit.

Einer meiner Freunde ist Kiefernchirurg, und wenn er operiert, macht er nicht viel Federlesens mit den Gefühlen seiner Patienten. Ich habe ihn auch schon erlebt, als er noch einen seiner Söhne ohrfeigte, und das nicht schlecht. Seine etwas männlich-selbstsichere Art würde jede organisierte Emanzipierte zur Verzweiflung treiben. Aber seine Augen! Ob er mit meinen Kindern, meiner Frau, ob er mit mir oder meiner Mutter spricht, es liegt so viel Zärtlichkeit in seinen Augen, daß wir alle mehr oder weniger in ihn vernarrt sind. Zärtlichkeit ist eine Grundeinstellung, Zärtlichkeit ist Aufmerksamkeit, Zärtlichkeit ist die Botschaft des Geistes und des Körpers: Ich hab' dich gern, und wenn du von mir nichts Unmögliches verlangst, dann erfülle ich dir jeden Wunsch. Du brauchst mir nur zu sagen, was und wie du es gerne hättest.

Zärtlich sein heißt nicht zart sein. Mancher zärtliche Liebhaber zerzaust seinen Schatz gar fürchterlich, aber der Schatz ist glücklich dabei.

Weniger glücklich war der Mann einer unserer Bekannten, obgleich seine Frau so etwas wie die Zärtlichkeit in Person zu sein schien. Sie küßte ihren fünfjährigen Sohn nach Leibeskräften ab, sie konnte nicht an ihrem Mann vorbeigehen, ohne ihn zu streicheln, und ich habe Männer mit ihr tanzen sehen, denen ein gewisser Irrsinn in den

Augen stand, so gekonnt schmiegte sie sich an den jeweils Beglückten. Saßen wir aber wieder am Tisch, mußte diese Göttin der Zärtlichkeit einige Wahrheiten vom Stapel lassen, die uns den Atem verschlugen. Diese Frau war im Grunde grausam, vor allem grausam zu ihrem Mann, und machte ihn so lächerlich, daß er mit hochroten Ohren die Einladungen absolvierte. Dann muß es ihm doch zu dumm geworden sein. Eines Tages rief er uns an, um seine neue Adresse durchzugeben. Er war ausgezogen. Den Rest erledigten die Rechtsanwälte.

Sex wenig gefragt

Es sind oft die am verführerischsten aussehenden Frauen, die gestehen: „Ich mache mir nicht viel aus Sex. Weder mit meinem jetzigen Mann noch mit einem früheren Partner." Und auch Männer im Playboy-Look verraten, daß ihnen ein bißchen Onanie durchaus reicht oder reichen würde.

Das Verlangen nach Sex ist von Individuum zu Individuum verschieden. Nach diesem Verlangen lassen sich die Menschen in zwei Gruppen einteilen: Mitglieder der ersten Gruppe nähern sich einem Geschlechtspartner, wenn sie sexuelles Verlangen verspüren. So wie Tiere. Interessanterweise sehen aber viele aus dieser Gruppe, vor allem Frauen, in ihrer nur einem Trieb folgenden Sexualität etwas bemerkenswert Vornehmes. „Ich bin doch nicht wie meine Freundin", sagte eine junge Dame, „die geht am Tag dreimal mit ihrem Mann ins Bett."

Menschen, die nur essen, wenn sie hungrig sind, und nur trinken, wenn sie Durst haben, Menschen, die den Partner nur suchen, wenn sie Brunft verspüren, verhalten sich wie Tiere. Das ist kein Vorwurf. Ich habe nichts gegen Tiere.

Nun können Sie sich leicht denken, was die Mitglieder der zweiten Gruppe tun. So wie man eine Flasche Wein trinken kann, auch wenn man keinen Durst empfindet, so kann man Austern schlürfen, auch wenn man keinen Hunger verspürt.

Wir Menschen tun doch manches, ohne daß uns die Not dazu zwingt. Ganze Heere von Verkaufsstrategen und

Werbefachleuten versuchen, uns von immer neuen Genüssen zu überzeugen: Mixgetränke für Parties, Partnerlook, Pralinés für die besondere Gelegenheit, das bestimmte Rasierwasser für ihn oder die neue Paßform für sie. Warum sollten wir dann nicht die stärksten aller Genüsse suchen? Zärtlichkeit, Liebe.

Sich nur zu lieben, wenn uns die Geschlechtshormone dazu treiben, ist wie gesagt tierisch. Bewußt Möglichkeiten nach mehr Liebe oder auch nur Sex zu suchen, ist menschlich und nur uns Menschen gegeben.

Einer meiner Patienten hatte mehr oder weniger aus Dankbarkeit ein Mädchen mit in den Urlaub genommen. Trotz Ferienstimmung und Romantik kam es in zwei Wochen nur einmal zu Zärtlichkeiten. „Mit anderen Partnerinnen kann ich täglich“, erzählte er mit süßsaurem Lächeln. „Aber dann lernten wir ein Ehepaar kennen, und ich verknallte mich in die Frau. Tag und Nacht verfolgte mich ihr Bild. Komisch, von diesem Augenblick an war ich wie verwandelt. Ich stürzte mich auf mein Mauerblümchen, so oft ich sie nur haben konnte. Am Schluß bekam sie's mit der Angst zu tun, sie hatte aber nichts dagegen.“

Ohne nun in eine medizinische Fachdiskussion eintreten zu wollen, kann man sagen: Ein gesunder Mann von 20 bis 45 Jahren verspürt im Durchschnitt ein- bis zweimal pro Woche das sogenannte „tierische“ Verlangen nach sexueller Betätigung. Natürlich gibt es Ausnahmen nach oben wie nach unten. Je stärker sein Körper das Hormon Testosteron produziert, um so häufiger meldet sich sein Verlangen. Je stärker und je häufiger dieser Trieb ist, eine um so größere Rolle spielt Sex im Leben des betreffenden Mannes, und sei es nur in seinem Kopf. Es liegt nun an Ihnen, lieber Leser, was Sie mit dieser Potenz machen. Sie können sie befriedigen und dann warten, bis sich neues Verlangen meldet. Sicher haben aber auch Sie schon folgendes bemerkt: Je mehr Sie sich mit Sex beschäftigen, um so schärfer können Sie werden. Und das hat seinen guten Grund. Männer, die erregende Bücher gelesen oder sich Filme angeschaut hatten, Männer, die von Frauen sexuell gereizt, aber nicht befriedigt worden waren, Männer, die schwülen Fantasien nachgingen, wiesen bei Untersuchungen einen höheren Blutspiegel an Geschlechtshormonen nach der Reizung auf als zuvor. Anders ausgedrückt: Menschliche Sexualität – (Zärtlichkeit, Schmusen, Fantasien usw.) – regt die Produktion von Testosteron an. Von außen kommende Reize steigern die Bildung von Sexualhormonen, welche die tierische Sexualität auslösen, welche das Verlangen nach sexueller Aktivität fördert, welche den Wunsch nach Zärtlichkeiten nährt, welche zum Koitus führen, welcher nicht das Ende vom Lied für die nächsten drei Tage zu sein braucht, sondern welcher erregend auf die tierische Sexualität rückwirkt, welche und so weiter. So können Sie sich, wenn Sie es richtig anstellen, ein wunderbares Rondo der Sinnenlust komponieren voller Vivaci, Allegretti, meinetwegen auch Furiosi und herrlicher Andanti und Adagi dazwischen.

Ein Puritaner freilich mag diesen sich selbst unterhaltenden Energieprozeß als einen Teufelskreis bezeichnen, aus dem er nur ausbrechen kann, wenn er sich bei der Erfüllung seiner ehelichen Pflichten auf das absolut Notwendige beschränkt, wie das jemand mit dem Essen tut, der unbedingt abnehmen will. Sollten Sie sich aber über diesen Teufelskreis freuen, dann ist Ihnen vielleicht sogar schon der Gedanke gekommen, ob man da mit ein paar Tabletten Testosteron nicht den Teufelskreis gar zu einem lustigen

Liebeskarusell antreiben kann. Nein, man kann es nicht immer mit Sicherheit. Wir wissen noch nicht, warum. Außerdem wären Versuche gefährlich. Schließlich haben Sie solche Experimente auch gar nicht nötig. Sie besitzen, was Sie brauchen, um die Schubkraft zu erhalten: zwei zarte Hände und eine wilde Fantasie. Sehr bewährt und immer willkommen ist ein weicher Mund mit einer neugierigen Zunge. Mehr darüber später. Denn jetzt muß ich mich den Damen zuwenden.

Der Geschlechtstrieb der Frauen ist etwas komplizierter, aber ebenfalls abhängig vom Blutspiegel an Testosteron. Nicht wenige Frauen geben an, daß ihr sexuelles Verlangen zur Zeit des Eisprungs oder vor bzw. nach der Periode am stärksten ist. Hormonelle Mechanismen also. Andererseits gibt es viele Frauen, die sich als frigide bezeichnen, weil sie sich recht wenig oder gar nichts aus Sex machen. Wir wissen noch nicht, ob dieser traurige Zustand auf einen Körperdefekt, auf Erziehung, einen seelischen Knacks oder auf zu viel Eigenliebe zurückzuführen ist. Wir kommen noch darauf zu sprechen.

Aber auch für Sie, liebe Leserin, gilt, was sich für die Ferkel unter uns Männern bewahrheitet: die Produktion an Sexualhormonen nimmt zu, wenn Sie sich mit sexuellen Dingen beschäftigen, wenn Sie zum Beispiel von Zärtlichkeiten träumen, ein erotisches Buch lesen oder Dinge tun, über die wir uns später noch unterhalten werden. Fliehen Sie dagegen in ein Nonnenkloster und vegetieren dort jenseits von Gut und Böse so vor sich hin, wird sich nur von Zeit zu Zeit ein kleiner tierischer Teufel melden, schamhaft verkleidet in einem sinnlichen Traum oder in einem komischen Ziehen, Pochen oder Klopfen in Ihren keuschen Lenden.

Dazu muß ich Ihnen leider etwas völlig Ungalantes sagen: Mit aller Wahrscheinlichkeit werden Sie vorzeitig altern. Es ist kein billiger Schlagertext, wenn Sie hören: „Eine Frau wird erst schön durch die Liebe . . .“ Immer wieder beweist es sich an Frauen wie an Männern, daß sie sich nicht nur jünger fühlen, sondern daß sie auch jünger und frischer aussehen, wenn durch irgendein Ereignis in ihrem Leben, meist durch ein zärtliches, der sexualhormonproduzierende Apparat wieder gefordert wird und auf höheren Touren läuft. Im übrigen, erhöhte Aktivität schwächt ihn nicht, noch viel weniger erschöpft sie ihn. Im Gegenteil, sie hält ihn munter, so lange es die Natur überhaupt zuläßt. Und das tut sie lange, wenn Sie es wollen. Unser Lehrgang für Zärtlichkeit ist also nebenbei einer für Schönheit und Jugendlichkeit. Sie, lieber Leser, sparen wahrscheinlich eine Menge Geld, wenn es Ihnen gelingt, Ihrer bisher vernachlässigten Frau wieder Zärtlichkeit zu vermitteln. Marktforscher wissen warum: Es gibt keinen willigeren Konsumtrottel als einen unbefriedigten Menschen. Werbepsychologen und Aktionäre von Warenhäusern schätzen am meisten die frustierte Frau zwischen 35 und 55 Jahren. Der Ehemann ist nicht mehr der liebste, aufmerksamste und schon gar nicht mehr der stürmischste. Die Kinder gehen bereits ihre eigenen Wege. Die Frau kommt sich überflüssig vor und sinniert, ob das, was bisher war, alles im Leben gewesen sein soll. Nichts Erfreuliches ist in Sicht, wenn sie nach der Halb- oder Ganztagsbeschäftigung abends nach Hause kommt. Wie lange soll es noch so weiter gehen? Vielleicht, bis sich eine schwere Krankheit einstellt? Ein Drittel Langeweile, ein Drittel innere Unruhe, ein Drittel Trotz – in dieser Stimmung verläßt sie das Haus in Richtung Einkaufsviertel. Und weil ihr schon seit geraumer Zeit niemand mehr etwas

Gutes getan hat, tut sie es sich selbst. Sie setzt sich einen neuen Hut auf den Kopf, der schon lange nicht mehr gestreichelt worden ist, sie hängt sich Modeschmuck vor den Busen, der keine Aufmerksamkeit mehr findet, und sie schiebt sich einen Ring an die Hand, die schon lange nicht mehr gehalten worden ist. Aber auch hier kann geholfen werden – mit Zärtlichkeit.

Wirklich hoffnungslose Fälle sind zum Glück überaus selten. Ich hatte einmal so einen Fall, und die bedauernswerte Patientin bat mich im Beisein ihres Mannes, ihr Schicksal allen Frauen als warnendes Beispiel zu erzählen. Aber fangen wir von vorne an.

Eines Tages kam ein Ehepaar mittleren Alters, kinderlos, um meine Methode „Schlank im Schlaf" kennenzulernen. Bei der zweiten Sitzung gestanden sie, Gewichtsreduktion sei zwar auch sehr willkommen, ihr eigentliches Problem liege aber ganz woanders. Die Frau berichtete, und er saß kleinlaut daneben, obwohl er ein ausgesprochen gutaussehender, sehr männlich wirkender Typ war.

„Wir haben vor zwanzig Jahren geheiratet. Wenn wir in der Verlobungszeit weggefahren sind, schliefen wir immer getrennt. Natürlich hoffte ich insgeheim, mein Bräutigam würde zu mir kommen. Aber er kam nicht. Und dann dachte ich mir: Was ist das für ein anständiger Kerl, und was bist du für ein verruchtes Weib!" Genau das sagte sie und fuhr fort: „Als wir dann aber geheiratet hatten, änderte sich nichts am Verhalten meines Mannes. Er interessiert sich ganz einfach nicht für Sex. Ich habe schon Pornofilme gekauft und im Schlafzimmer vorgeführt. Ein Fußballspiel im Fernsehen sagt ihm mehr. Ich habe jede Menge Pornohefte gekauft. Aber wer liest sie? Ich! Nicht er."

Ich sprach dann mit ihm allein. Homosexuell? Nicht die Spur. Ob er manchmal masturbiere? Nein. Ob er seine Frau lieb habe? Sehr sogar. Aber ihr Körper würde ihn nicht interessieren. Ob er es schon mit anderen Frauen versucht habe? Ja, seine Frau habe ihm dies geraten. Und? Nichts und. Die gleiche Tragödie wie zu Hause. Ohne jeglichen Erfolg hatte er alle Anregungsmittel geschluckt, die ihm Ärzte verschrieben und Werbefachleute aufgeschwätzt hatten. Wir versuchten es dann während einiger Sitzung mit Hypnose. Er hatte mir erzählt, wenn irgend etwas seine Fantasie überhaupt reizen könnte, dann seien es die langen, wohlgeformten Beine seiner Frau unter einem weiten Rock.

Also wurden ihm in Hypnose solche Bilder suggeriert. Hinterher sagte er trocken: „Ganz schön und angenehm, aber meine Frau hat mir ihre Beine unter einem weiten Rock schon tausendmal hingehalten. Und es hat nichts geholfen. Wie sollen dann da Beine in Hypnose helfen?“

„Wie stumpfsinnig er in puncto Sex ist“, sagte mir seine Frau später unter vier Augen, „sehen Sie an folgendem: Vergangenes Jahr wohnten wir während des Urlaubs in einem der Riesenhotels an der Côte d' Azur. Als der Page, der uns aufs Zimmer gebracht hatte, verschwunden war, schaute ich durchs Fenster, um mich zu orientieren. Ich blickte in einen viereckigen Innenhof. Da sah ich in ein Zimmer mit zurückgezogenen Vorhängen und offenen Fensterflügeln. Auf dem Bett eine nackte Frau und ein nackter Mann. Die beiden drehen sich und winden sich. Ich sag's meinem Mann. Er kommt ans Fenster, schaut in das Zimmer, und gerade, als sie sich rittlings auf den Mann setzt, geht er weg und brummt: ‚Das haben wir doch schon oft in deinen Pornofilmen gesehen.‘“

Meine Patientin genierte sich nicht zu erzählen, sie habe

das ganze Spektakel bis zum Finale miterlebt und sei auch noch Stunden später ganz nervös davon gewesen.

Hand aufs Herz, liebe Leser, hätten Sie nicht auch zugeschaut? Ich hoffe es!

In einer Münchner Aktiengesellschaft, die im Stadtzentrum einem Hotel gegenüberliegt, kommt es nicht selten vor, daß das Telefon läutet und ein Kollege oder eine Kollegin sagt: „Schaut's mal schnell über die Straße!“ Und dann springt der oder die so Angeläutete auf, stürzt ans Fenster und sucht die gegenüberliegende Häuserfront ab. Oft sieht man nicht viel mehr, als daß sich zwei Gestalten im dämmrigen Hintergrund auf einem Bett verlustieren. Oft errät man ihre Bewegungen nur an den weißen Streifen auf ihrem Körper, den die Badebekleidung hinterlassen hat. Manchmal wäscht sich einer oder eine verträumt, und gelegentlich kann man jemanden sehen, der die Einsamkeit mit sich teilt und sich selber tröstet. Unvergessen bleibt der Anruf eines Bekannten, der sagte: „Schauen's mal schnell über die Straße. Da liegt einer auf seinem Bett und kann sein Buch nur noch mit einer Hand halten.“

Immer öfter kommen Verhaltensforscher zu dem Schluß, daß Neugierde im Leben zumindest der höheren Säugetiere eine so große Rolle spielt wie der Vermehrungs-, Beschützer- oder Territorialtrieb. Die Neugierde der Affen amüsiert uns, die Neugierde der Wissenschaftler und Techniker fasziniert uns als Entdeckungsdrang und geistige Abenteuerlust. Warum soll uns dann die Neugierde nach Sexuellem blamieren?

Ich empfehle Ihnen nicht, das Schlafzimmerverhalten Ihrer Nachbarn auszuspähen oder es zu machen wie jener Junge, der sich schon sechsmal ein und denselben Film angeschaut hatte. Als ihn die Kartenverkäuferin beim siebtenmal fragte, was ihm an dem Film so gefalle, gestand er mit roten Ohren:

„Da liegen doch eine Frau und ein Mann am Eisenbahndamm und schmusen. Dann sieht man, wie der Mann sich auf die Frau legt. Aber in dem Augenblick fährt ein Zug vorbei und verdeckt alles.“ „Na, und?“ „Ja, vielleicht hat der Zug einmal Verspätung.“

Die Beschäftigung mit Sexuellem erzeugt Sex, und Sex erweckt Zärtlichkeit. Es heißt zwar, man könne einen Hund nicht auf die Jagd tragen, aber ich habe keinen noch so degenerierten Schoßhund gesehen, der nicht neugierig die Fährte einer Maus oder eines Hasens aufgenommen hätte.

Auch Menschen, bei denen Sex nicht sehr gefragt ist, kommen auf den Geschmack, wenn sie auf die richtige Spur gesetzt werden. Zärtlichkeit erweist sich immer wieder als bewährter Einstieg in Erotik und Sex. Ist dann der Motor erst einmal in Gang, dann läuft und läuft und läuft er.

Bestandsaufnahme

Auch in der Erotik und Sexualität haben die Götter vor die Therapie die Diagnose gestellt. Sehr viele Menschen empfinden meist nur, daß etwas in ihrem Intimbereich nicht ganz in Ordnung ist. Sie wissen aber nicht recht, was und warum. Andere dagegen erliegen ganz einfach falschen Vorstellungen. Sie leiden an bestimmten Mythen, die im Lauf der Zeiten und Moden entstanden sind.

Genausowenig wie es eine normale Augenfarbe, ein normales Haar oder Herz gibt, genausowenig gibt es so etwas wie eine verbindliche Norm, was und wie Zärtlichkeit und Sex zu sein haben. Immer wieder beklagen sich aber Frauen, ihre Männer seien bis kurz vorm Bett mürrisch, launisch, ekelhaft, und dann erwarten sie plötzlich Zärtlichkeit.

Sollte dieser Vorwurf Sie treffen, mein Herr, dann erinnern Sie sich bitte, wie es damals war, als Sie Ihre jetzige Frau oder eine andere noch heiß geliebt und nicht kühler begehrt haben. Mit leichten Variationen von Fall zu Fall ging es wahrscheinlich folgendermaßen zu (was die Psychologen „sexuelle Abfolge" nennen):

1. Auge – Körper: Sie erblickten einen weiblichen Körper, der Ihre Aufmerksamkeit erregte.
2. Auge – Auge: Sie blickten der Frau in die Augen. Vielleicht schaute sie demonstrativ weg, vielleicht lächelte sie, vielleicht spielte sie die „Klein-Mädchen-Rolle", indem

sie den Kopf zur Seite legte und mit ihren großen Augen Ihre Beschützergefühle ansprach. Vielleicht verrieten ihre Augen gar den scheuen Wunsch: Ich würde mich so gern an deine Schultern lehnen. Vielleicht kokettierte sie mit zu Boden gesenktem Kopf und einem schüchternen Blick in Ihre Augen. Vielleicht hielt sie Ihrem Blick länger als üblich stand. Kurzum, Ihre Augen hatten sich angezogen.
3. Stimme – Stimme: Und dann sprachen Sie zum erstenmal miteinander, bestimmt nicht sehr laut oder heftig.
4. Hand – Hand: Sei es bei der Vorstellung, sei es bei einer anderen Gelegenheit, der Augenblick kam, da berührten sich Ihre Hände zum erstenmal. Nach und nach lernten Sie sich besser kennen. Oder soll ich sagen: Ihre Körper entdeckten sich?

Auf alle Fälle nach folgendem ungefähren Schema: Hand auf Schulter oder Arm – Arm um Taille – Mund auf Mund – Hand auf Brust – Mund auf Brust – Hand auf Geschlechtsteile – Geschlechtsorgan zu Geschlechtsorgan und so weiter.

Zwischen den einzelnen Stufen dieser Abfolge können Sekunden oder Jahre gelegen haben. Aber so etwa verlief das Ganze, oder nicht? Und genau so verläuft es noch heute zwischen Paaren, die sich mögen. Dazu der Bericht einer Frau von 52 Jahren, die mir nach dem Tod ihres Mannes erklären wollte, warum sie sich nun das Leben nehmen würde.

Die beiden waren über dreißig Jahre sehr glücklich miteinander verheiratet gewesen.

„Mein Mann kam nie mit der Bahn oder dem Flugzeug an, ohne daß ich ihn nicht abgeholt hätte. Uns sehen, in die

Arme fallen und uns küssen, war eins. Im Auto ging dann auf der Heimfahrt das Streicheln und Schmusen los. Zu Hause stand das Essen bereit, der Tisch war gedeckt. Wenn wir dann im Bett lagen, sagte mein Mann oft: „Jetzt bin ich erst wieder richtig daheim."

Daß aber nicht nur längere Trennung so viel Zärtlichkeit aufstauen kann, beweist die Fortsetzung ihrer Erzählung.

„Als mein Mann verunglückte, war er fast sechzig. Während seiner Junggesellenzeit hatte er nicht viel mit Frauen erlebt. Bis zum Schluß meinte er, es sei ihm in diesem Punkt etwas entgangen. Freimütig erzählte er mir, daß er auf Reisen gern in Nachtlokale ging und sich auch Pornofilme anschaute. So erfuhr ich, daß ihn Frauen mit Stiefeln und schwarzem Hüftgürtel stark anmachten. Mindestens ein-, zweimal im Monat ging ich vor Ladenschluß in die Wohnung rauf, nahm ein Bad und erwartete ihn dann in Stiefeln und Hüftgürtel. Ich kam mir zwar komisch vor, aber wenn er mich dann anblickte, in den Arm nahm und küßte und so weiter, da mußte ich es nie bereuen, daß ich ihm diese Freude gemacht hatte."

Einem aufmerksamen Leser wird nicht entgangen sein, daß auch bei diesem alten Ehepaar mehr oder weniger die gleiche sexuelle Abfolge herrschte, ob sie ihn nun am Bahnhof abholte und bis zur Wiedervereinigung Stunden warten ließ oder sie auf ihn hinter der Wohnungstür fast nackt „lauerte".

Der Fehler vieler Menschen liegt darin, daß sie glauben, diese naturgegebene sexuelle Abfolge gelte vielleicht für junge Paare, aber nicht mehr für alte Ehepaare. In der Praxis sieht es dann so aus:

Sie geht ins Bett. Er schaut sich den Film zu Ende an. Sie

liegt bereits im Halbschlaf, wenn er nachkommt, unter ihre Decke kriecht und schnell mal was will.

Oder er liegt im Bett und liest. Sie zieht sich im Bad aus und kommt dann ins Schlafzimmer. Licht aus. Und er robbt gleich zur Hauptsache.

Oder er hat sie den ganzen Abend nicht angeschaut, sondern nur angeknurrt, hat zuerst in den Teller gestarrt, dann in den Fernsehapparat. Ins Bett kam er endlich, als sie schon schlief. Und weil er wegen geschäftlicher Sorgen nicht einschlafen konnte, dachte er, so ein kleines Aufhupferl würde ihn vielleicht ablenken. Schließlich führte er seinen Entschluß grimmig aus. Und sie ging ihm die nächsten drei Tage wegen ihres Kopfwehs erneut auf die Nerven.

Wichtig also: Einigen Sie sich mit Ihrer Partnerin über die sexuelle Abfolge. Am besten, Sie lassen keine Stufe aus. Und koordinieren Sie das Tempo, mit dem Sie von einer Stufe zur anderen gehen. Sehr viele Männer wollen Zärtlichkeiten überspringen, weil sie auf jeden Fall ihren Orgasmus erleben. Und sie glauben, ihren Partnerinnen erginge es ähnlich.

Warum fangen Sie eigentlich bei der sexuellen Abfolge nicht jedesmal wieder von vorne an? Ihre Partnerin hat es bestimmt gern.

Meine Damen, in Ihren Kreisen befinden sich aber auch einige taube Nüsse. Sprechen wir also von der Frau, die nichts oder wenig empfindet und die womöglich noch stolz darauf ist, ganz auf diese Angelegenheit verzichten zu können. Darf ich Ihnen einige Fragen stellen? Wenn Sie nämlich glauben, diese Fragen bejahen zu müssen, dann liegen Sie falsch, und es entgeht Ihnen vieles, ob Sie es glauben oder nicht.

1. Glauben Sie, die eine Frau hat's eben und ich nicht?
2. Der Mann ist für meinen Orgasmus ganz allein verantwortlich?
3. Auch wenn ich es ihm nicht sage, sollte mein Partner genau wissen, wie ich's gerne hätte.
4. Orgasmus ist nur beim Geschlechtsverkehr möglich oder anständig. Nur wenn der Penis in mir ist, darf ich einen Orgasmus haben.
5. Ein Orgasmus, der mit der Hand oder dem Mund oder einem Vibrator oder sonstwie ausgelöst wird, ist unnatürlich.
6. Auch ein Orgasmus, der durch die ausschließliche Manipulation der Klitoris verursacht wird, ist unfraulich und ungesund.
7. Mein Partner muß zur gleichen Zeit den Orgasmus erleben wie ich.
8. Sex ist schmutzig, übelriechend und sonst noch etwas, weil meine Mutter, mein Onkel oder unser Hund . . .
9. Beim Orgasmus sieht eine Frau häßlich aus. (Ich kann mir's nicht verkneifen, hier schon eine Bemerkung anzubringen. Wie schön, anziehend und verführerisch Sie auch immer aussehen mögen: Während des Orgasmus sind Sie noch viel schöner. Selbst wenig attraktive Physiognomien werden durch innere Leidenschaft verschönert. Kein Stylist und kein Kosmetikpapst kann Sie so schön machen wie ein Orgasmus.)
10. Ich könnte beim Orgasmus die Kontrolle über mich verlieren, ohnmächtig werden und, schlimmer noch, das ganze Haus zusammenschreien. (Frauen, die solche Bedenken haben, malen den Teufel unnütz an die Wand. Sollten Sie wirklich so wild werden, können Sie ja vorher dafür sorgen, daß niemand das Erdbeben wahrnimmt.)

11. Ich denke, es ist besser, ich spiele meinem Partner den Orgasmus vor, damit er nicht meint, ich liebe ihn nicht genügend.
12. Mein Partner ist ein Tausendsassa. Er glaubt, ihm gelingt alles. Ich bin es aber meiner Selbstachtung schuldig, daß er einsieht, eines gelingt ihm nicht: mich zum Orgasmus zu bringen.
13. Ich stelle mir bei Zärtlichkeiten immer vor, ich bin eine Prinzessin, der ein Sklave zu dienen hat. Natürlich sage ich dies nicht meinem Partner. Da er sich nicht als Sklave benimmt, habe ich keinen Orgasmus.
14. Ich erlebe die Erfüllung nur, wenn ich mich selber masturbiere. Aber ich wage nicht, dies vor meinem Partner zu tun.

Bestimmt ist diese Liste von Gründen für Orgasmusschwierigkeiten nicht vollständig. Sie ist aber ohnehin schon lang genug. Frauen, die ihr sexuelles Problem hier aufgelistet gefunden haben, genießen wenigstens den Vorteil, daß sie ihr Problem nun eingekreist haben und es angehen können, durch diesen „Lehrgang in Zärtlichkeit" oder notfalls mit einem Psychologen.

Wesentlich komplizierter erweisen sich Fälle, wo einer oder eine nicht weiß, wo es fehlt und warum es aushakt. Aber niemand kann Ihnen dies besser sagen als Ihre eigene Fantasie. Also befragen wir sie vorurteilsfrei! Aber belügen Sie sich dabei nicht.

1. Wer war der erste Mensch, in den Sie vernarrt waren? War er gleichgeschlechtlich? Andersgeschlechtlich? War er wesentlich älter als Sie?
2. Als Sie wußten, daß es zwei verschiedene Geschlechter

gibt, welche Körperteile des anderen Geschlechts haben Sie besonders beschäftigt? Die Brüste, die Ohren, die Oberschenkel, die Zeugungsorgane usw.?
3. Mit wem hatten Sie Ihren ersten sexuellen Kontakt? Mit jemandem Ihres Geschlechts? Ihres Alters? Einem Verwandten?
4. Bestand ein großer Unterschied zwischen dem, was Sie erwartet hatten, und der Wirklichkeit?
5. Wie hatten Sie sich Ihren ersten sexuellen Kontakt erträumt?
6. Kommen in Ihren Gedanken und Gefühlen immer wieder die gleichen Fantasien, Wünsche oder Träume vor?
7. Finden Sie, daß Sie mehr Sex, anderen Sex verdient hätten?
8. Stellen Sie sich vor, Sie seien eine so berühmte Frau, daß Ihnen auch auf sexuellem Gebiet jeder Wunsch erfüllt würde. Welche Wünsche würden Sie gerne äußern?
9. Stellen Sie sich vor, Sie seien ein Ölscheich und könnten sich jeden sexuellen Wunsch mit Geld erfüllen. Welche Wünsche würden Sie dann äußern?

Wenn Sie sich obige Fragen vorurteilsfrei beantworten, werden Sie der Frage näher kommen, was Sie sich in der Erotik eigentlich wünschen. Und wenn Ihnen das, was Sie sich wünschen, fehlt, werden Sie wahrscheinlich erkennen, warum Sie sich in Ihrem Intimbereich nicht ganz ausgelastet fühlen.

Wir wollen aber unsere Diagnose noch mehr aufschlüsseln:

1. Habe ich etwas gegen den Gedanken, daß meine Eltern vielleicht onaniert haben oder daß meine Kinder es tun?

2. Habe ich Schuldgefühle, wenn ich es selber tue?
3. Stört es mich, wenn es mein Partner tut?
4. Als Frau würde ich gerne einmal zwei Lesbierinnen in Aktion sehen.
5. Als Frau ließe ich mich gern einmal von einer Freundin streicheln, ja sogar geschlechtlich manipulieren.
6. Als Frau möchte ich gerne einmal eine Frau sexuell erregen.
7. Ich hätte nichts dagegen, wenn mein Partner meine Freundin sexuell beglücken würde.
8. Als Mann würde ich gerne einmal zwei Homosexuelle verkehren sehen.
9. Als Mann hätte ich nichts dagegen, wenn mich ein sympathischer Mann streicheln, vielleicht sogar sexuell erregen würde.
10. Ich könnte mir gut vorstellen, daß ein Mann meine Frau sexuell beschäftigt, während ich an ihm meinen Spaß habe.
11. Ich würde als Mann sehr gern einmal mit zwei Frauen im Bett liegen und von einer zur anderen gehen.
12. Als Frau würde ich es gern haben, einmal von zwei Männern nach allen Regeln der Kunst vernascht zu werden.
13. Am liebsten würde ich mich einmal beim Gruppensex wahllos austoben.
14. Ich träume von Partnern oder einer Partnerin, die mich in einer romantischen Situation stundenlang zärtlich beschäftigen.
15. Ich möchte einmal richtig versohlt werden, bis ich vor Lust schreie.
16. Ich stelle es mir aufregend vor, von einem brutalen Mann vergewaltigt zu werden. Besser noch von einer ganzen Horde.

Ich möchte, ich möchte . . . Sollte ich Ihren speziellen Fall nicht getroffen haben, fahren Sie bitte fort, sich ihn genau auszumalen. Wenn Ihnen Ihre Fantasie immer wieder ein bestimmtes Wunschbild vormalt, dann können Sie fast sicher sein, daß es sich dabei um geheime und geheimste Wünsche handelt. Erschrecken Sie bitte nicht, falls Sie diese Wünsche nicht auf der üblichen „Speisekarte" aufgeführt finden. Überlegen Sie sich vielmehr, wie Sie sich mit Ihrem Partner arrangieren, damit Sie erleben, was Sie suchen. Oder wollen Sie heroisch sterben, bevor Sie gefunden haben, wonach Sie sich sehnen?

Nun fragen Sie sich bitte aber auch, wann Ihnen die Lust an Erotik und Sex vergeht.

1. Wenn mein Partner unappetitlich ist. Ungewaschene Haare, Küchengeruch, ungepflegte Hände, alter, abgestandener Schweiß.
2. Wenn mein Partner geschmacklose, unangebrachte Reden führt oder ordinäre Ausdrücke verwendet.
3. Wenn mein Partner mein Talent für Zärtlichkeiten in Zweifel zieht, ja geradezu herabsetzt.
4. Wenn mein Partner von anderen spricht, bei denen er jetzt sein möchte.
5. Wenn mein Partner mich zwingt, mich vor seinen Augen selber zu befriedigen.
6. Wenn mein Partner mich verhindert, mich vor seinen Augen selber zu befriedigen.
7. Wenn mein Partner nichts oder wenig empfindet, während ich durch die Decke gehen könnte.
8. Wenn mein Partner schon lange fertig ist, während ich immer noch mehr Sex möchte.
9. Wenn mein Partner meint, es gebe einen gewissen Kodex,

nach dem unser Beisammensein ablaufen müsse. Also immer die gleiche Tour!

Natürlich können und sollen Sie, ja müssen Sie Ihre Selbstbefragung fortsetzen, bis Sie letzte Klarheit über Ihre persönlichsten Wünsche gefunden haben. Seien wir ehrlich: Wie kann jemand auf die Dauer zufrieden sein, wenn ihm das verwehrt bleibt, was er sich im Grunde seines Herzens wünscht? Zugegeben, nicht jeder Wunsch auf dieser Erde kann Erfüllung finden. Wenn aber ein erfüllbarer Wunsch Ihres Partners Ihnen selbst die Erfüllung bringt, werden Sie doch unklug sein, Ihrem Partner seine Launen zu verbieten. Wann kocht eine Frau am besten? Dann, wenn sie das, was sie kocht, selber gerne ißt.

Götzendämmerung

Wenn Sie immer wieder den gleichen Unsinn hören, reagieren Sie vielleicht allergisch, zumindest ungeduldig. Nehmen Sie es mir deswegen nicht übel, wenn ich die geläufigsten Vorurteile über Erotik und Sex nicht mit pedantischer Langmut behandle. Das Leben ist viel zu kurz, als daß wir Zeit zu verschwenden hätten. Trotzdem wollen wir einige der üblichsten Vorurteile angehen.

1. Ich verstehe meinen Partner nicht (Partner kann auch Partnerin heißen). Er betreibt Liebe als Spaß. Für mich ist es eine erhebende, fast religiöse Angelegenheit.

Antwort: In Frankreich tanzt man am Abend des 24. Dezembers. Man feiert einen Geburtstag, und zwar den von Jesus Christus. In Deutschland dagegen singen wir „Stille Nacht, Heilige Nacht", und dabei trübt sich manches Auge. In Bangkok aber wissen die meisten Menschen nicht, warum an diesem Tag in Westeuropa die einen tanzen und die anderen rührselig singen

Liebesspiele sollten Spaß machen, im Bett, auf dem Rücksitz des Autos, in der Badewanne oder auf dem Küchentisch. Einer meiner Klienten erzählte mir einmal, er habe seine Ferien mit den Kindern im Zelt verbracht. Gelegentlich habe er sich mit seiner Frau zu einem nächtlichen Spaziergang entschlossen. Und dann landeten die beiden auf der Piazza vor der Dorfkirche irgendwo in

Süditalien. Er setzte sich auf die Stufen der Kirche, seine Frau sich auf ihn, und ein überlebensgroßer Heiliger schaute ihnen im Mondlicht von der Kirchenfassade herab in den Schoß.

Als ich noch in den USA arbeitete, hörte ich wiederholt, wie Männer gefrotzelt wurden, die statt in der Kantine zu essen in der Mittagspause nach Hause fuhren: „Going home for a quicky one?“ Es gibt viele Gründe, warum diese Männer schnell nach Hause fuhren, vielleicht (und hoffentlich) für ein „schnelles Nümmerchen“. Warum sollte ein verständnisvoller Partner dem anderen nicht flink aus einer sexuellen Bedrängnis helfen? „Mein Mann kommt mittags nach Hause, um den Dampf abzulassen. Dann habe ich abends mehr von ihm“, sagte einmal eine vernünftige Frau. Die abschreckendste Schilderung ehelicher Mißhandlungen erfuhr ich von einer Klientin, deren Mann aus seinem Begattungstrieb ein so großes Aufhebens machte, daß er dazu stets eine neue Kerze anzündete. Und dann passierte meist nichts Aufregendes.

2. Ich bin zu alt dafür.

Antwort: Sicherlich läßt im Laufe der Jahre der Geschlechtstrieb nach. Aber auch noch 70- und 80jährige verspüren und befriedigen ihn. Im übrigen, je früher und energischer Sie sexuell aktiv wurden und waren, um so größer sind Ihre Chancen, auch im hohen Alter noch sexuell Lust zu empfinden und zu befriedigen.

3. Mein Penis ist zu klein.

Antwort: Erstens sind erigierte Penisse ungefähr gleich lang, wie unterschiedlich lang sie im Ruhestadium auch sein mögen. Und zweitens beeindruckt die Länge des Penis nur sehr, sehr wenige Frauen. Die weibliche Scheide paßt sich der jeweiligen Größe des Penis an. Die Scheide umschließt wie ein Handschuh auch einen kleinen Finger und kann sich bis zur Größe eines Säuglingskopfes ausdehnen.

4. Durch die vielen Kinder ist meine Scheide ausgedehnt. Intimverkehr mit mir kann gar keinen Spaß mehr machen.

Antwort: Siehe Frage 3. Sollten Sie dies aber wirklich weiterhin glauben, dann schmieren Sie einmal den Penis Ihres Partners mit Honig ein. Das klebt und reibt, wie damals, als Jupiter in Gestalt eines Stieres die jungfräuliche Europa bestieg. Hinterher allerdings werden Sie sich fragen: Was soll's? Es geht ohne Honig genauso gut.

Das wichtigste Sexorgan sind nicht Penis, Vulva, Scheide, Brüste oder Po, das wichtigste Sexorgan ist die Haut. Die Haut eines zärtlichen Menschen ist überall erogen. Zugegeben, sie ist an bestimmten Stellen noch erogener.

5. Wie kann mein Partner masturbieren, wenn er mich hat?

Antwort: Ein Verrückter meinte einmal: „Koitus ist ein schäbiger Ersatz für Masturbation." Der Mann war offensichtlich in sich selbst verliebt und hielt sich für zu gut zum Umgang mit Frauen. Wie gesagt, er war verrückt. Auch glücklich verheiratete Männer und Frauen masturbieren: aus Not, weil ihr Partner abwesend ist. Aus Rücksicht, weil ihr Partner gerade keine Lust empfindet. Aus Sinnlichkeit, weil es dem Partner Freude bereitet, zuzuschauen, oder weil es Freude macht, sich dabei zu zeigen.

6. Nur Frauen mit starkem Geschlechtstrieb können bei einem Verkehr mehrere (multiple) Orgasmen erleben.

Antwort: Völlig falsch. Es gibt Frauen, die selten sexuelles Verlangen empfinden, dann aber mehrere Orgasmen hintereinander haben, und andere, die zu den „immer Bereiten“ zählen und mit einem Orgasmus zufrieden sind.

7. Berührung der Geschlechtsorgane mit dem Mund ist pervers.

Antwort: Fellatio (die Frau macht's), Cunnilingus (der Mann macht's) und Stellung 69 (beide machen's gleichzeitig) sind wahrscheinlich so alt wie die Menschheit. Zoologen wissen, welche Tiere es so machen. Und als Tiere haben wir unsere Karriere vor einigen Millionen Jahren begonnen. Lange vor Christus machten es die Römer und Griechen, zuvor sogar noch die Inder und Chinesen, und als Kolumbus nach Amerika kam, machten es die Indianer. Mehr als die Hälfte aller Frauen in der westlichen Welt machen es. Nur sollten Sie es nicht so machen wie es die Frau des Oberbürgermeisters einer Großstadt, die während einer Party mit einem männlichen Gast in dessen Auto verschwand und in einem Anfall von Irrsinn so stark zubiß, daß sein Penis seitdem einem Steinpilz ohne Kappe gleicht.

8. Ich verfüge über nichts, was dem anderen Geschlecht gefällt.

Antwort: Ich kenne Sie nicht, aber sicherlich haben Sie eine große Anzahl von körperlichen, geistigen und seelischen Eigenschaften, die möglichen Partnern gefallen. Sie müssen diese nur anbieten. Oder erwarten Sie, daß jemand durch die Straßen läuft und an allen Türen läutet, um zu fragen: „Wie wär's mit uns beiden?“ Vielleicht kommt das irgendwann in Mode. Zur Zeit jedenfalls ist es nicht Brauch.

Eine allgemeine Regel besagt, sexuelle Anziehung beruht

auf den Unterschieden zwischen den Geschlechtern. Anders ausgedrückt: Ein Mann liebt bei einer Frau, was er selber nicht hat: volle Lippen, eine weiche Brust, üppig gerundete Pobacken und den nicht unbedeutenden Rest.

Die meisten Männer erliegen nicht unerheblichen Trugschlüssen über das, was Frauen an ihnen bewundern, bzw. was Frauen an ihnen mehr oder weniger gleichgültig finden. Am besten, Sie studieren folgende Grafik recht genau, mein Herr, sie könnte Sie von so manchem quälenden Alptraum befreien, Ihnen aber andererseits auch einige Illusionen rauben.

Was Frauen – nach Meinung von Männern – an ihren Partnern bewundern (in Prozenten)

Körpergröße	13
Haar	4
Augen	4
Hals	2
Muskeln an Brust und Schultern	21
muskulöse Arme	18
Schlankheit	7
Gesäßbacken	4
großer Penis	15
lange Beine	3

Was Frauen wirklich an Männern bewundern (in Prozenten)

Körpergröße	5
Haar	5
Augen	11
Hals	3
Muskeln an Brust und Schultern	1
muskulöse Arme	0
Schlankheit	15
schmale drahtige Gesäßbacken	39
großer Penis	2
kein Bauch	13
lange Beine	6

(Nach einer Umfrage der Zeitung Village Voice)

Die Schlußfolgerung, für Sie, lieber Leser, der Sie hoffentlich intelligent sind: Damit Ihr Erscheinungsbild einer Frau gefällt, müssen Sie vorwiegend schlank sein und sie lieb anschauen. Dann erreichen Sie von 100 möglichen Punkten 78 (Augen – 11, Schlankheit – 15, kein Bauch – 13, schmale, drahtige Gesäßbacken 39). Vor allem geben Sie die Hoffnung oder Befürchtung auf, die Größe Ihres Penis oder der Umfang Ihrer Muskeln würde eine Frau beeindrucken.

Bei Männern wie bei Frauen wirkt gesundes Aussehen sexy. Oder können Sie sich vorstellen, Sie verführen jemanden mit Ihren dauernden Klagen über Kopfschmerzen, Ziehen im Bauch und Knirschen Ihres rechten Knies? Vielleicht sprechen Sie Mutter- und Beschützerinstinkte an. Aber seien Sie sicher: Ihre eigenen Krankheiten gehen Ihnen bald auf die Nerven. Um wieviel mehr die Krankheiten der anderen.

Eine weitere Studie, diesmal die von Centers im Journal of Psychology (1972), muß ebenfalls einen Tiefschlag für jeden Bodybuilder bedeuten. Danach schätzen die Frauen bei Männern vor allem berufliche Leistung, wirtschaftliche Stellung, Humor, Verständnis und gesunden Menschenverstand. Frauen wünschen sich trotz Emanzipation immer noch den klar entschiedenen Mann, der auf seinem Gebiet, und dazu gehören Zärtlichkeit und Sex, kompetent ist. So mußten Studenten der Atlantic University of Florida Studentinnen durch einen künstlichen Irrgarten führen. Die Auswertung zeigte: Männer, die körperlich bestimmt auftraten und die Aufgabe gut lösen konnten, waren die beliebtesten. Männer, die sich robust, aber ungeschickt anstellten, erhielten die schlechtesten Noten.

Als starker, primitiver Tarzan werden Sie keiner Frau, auch Ihrer eigenen nicht, imponieren. Ein muskulöser, brünstiger Höhlenmensch ist nicht mehr gefragt. Ein schlankes, winziges, tapferes Schneiderlein sticht ihn aus, vorausgesetzt, er versteht einer Frau zu zeigen und zu beweisen, wie gern er sie mag und wieviel Zärtlichkeit er für sie empfindet.

9. Wir haben so unterschiedliche Auffassungen von Liebe.

Antwort: Ja, es gibt verschiedene Ausdrucksformen der Liebe. In seinem Artikel „Stilformen der Liebe" unterscheidet der englische Psychologe John Lee zwischen sechs Formen von Liebestypen, die er in einem Stern anordnet.

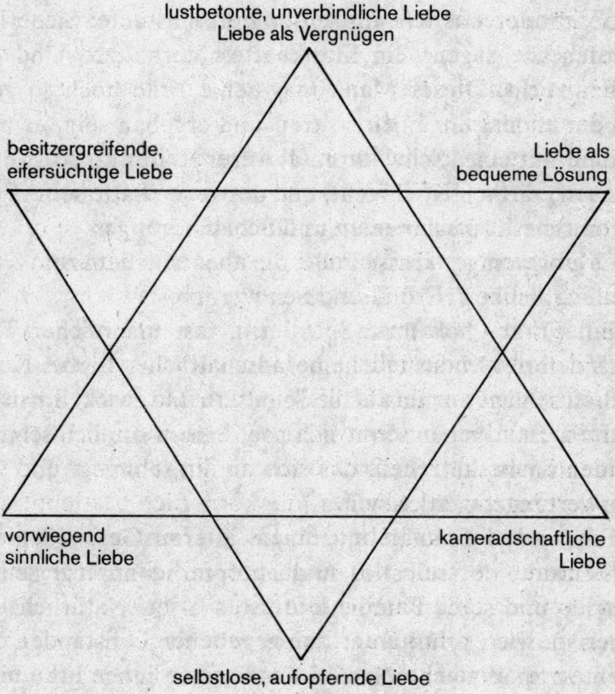

Bei diesem Stern fällt mir eine Patientin ein, die an der Liebe Ihres Mannes leidet. Nach einer gescheiterten Ehe verheiratete sie sich wieder mit einem Mann, der ihr und ihrem Sohn endlich das zu geben schien, was sie bis dahin vermißt hatte: Geborgenheit, Abwechslung und auch eine gute Portion Zärtlichkeit und Sex. Nach einem kurzen Glück erwies er sich aber als immer eifersüchtiger, schließlich so eifersüchtig, daß der Sohn aus erster Ehe nicht mehr abends ins Wohnzimmer durfte, weil der Mann mit seiner Frau allein sein wollte. Nicht etwa wegen jugendgefährdender Spiele, sondern aus Besitzgier. Übrigens, er begleitete sie stets in meine Sprechstunde, kam mit ins Ordinationszimmer und beobachtete, was ich mit seiner Frau anstellte. Sicherlich werden Sie sagen: ein krankhaftes Verhalten. Und Sie haben recht. Dieser Mann mag seine Frau noch so gern haben, er mag ihr noch so treu und ergeben sein, er mag sexuell mit einer Schwadron schwerer Reiter konkurrieren können, zärtlich ist er nicht, und deswegen hatte seine Frau chronische Kopfschmerzen und Schlafstörungen.

Es gibt weniger krasse Fälle, die aber trotzdem zum Grab von Zärtlichkeit, Erotik und Sex werden.

Eine Frau, bekannte Sportlerin, fast männlicher Typ, schätzt ihren Mann mit kameradschaftlicher Liebe. Kumpelhaft schlägt sie ihm auf die Schultern und zwickt ihn in die Hüften. Er dagegen sehnt sich nach einem sinnlich schnurrenden Liebeskätzchen, das sich an ihn schmiegt und von ihm beschützt werden will.

Eine junge Frau ist mit einem älteren Geschäftsmann verheiratet, der selbstlos und aufopfernd nur für seinen Betrieb und seine Familie lebt. So sagt er. Natürlich lebt jeder so, wie es ihm unter den gegebenen Umständen den größten Spaß macht. Nun hält aber seine junge Frau nicht allzu viel von puritanischer, aufopfernder Liebe. Zweifellos mag sie ihren Mann. Aber wie lange noch? Für sie ist Liebe Vergnügen. „Ich hätte nichts dagegen, wenn er sich mal bei einer anderen umschauen würde", sagte sie lächelnd, „damit er endlich mit seinen lauteren Prinzipien Schiffbruch erleidet und mit einem schlechten Gewissen etwas menschlicher nach Hause kommt." Ob die Rechnung dieser Frau aufgeht? Ich bezweifle es. Nicht bezweifle ich aber, daß beide sich insgeheim einen Mangel an Zärtlichkeit vorwerfen – trotz aller Liebe.

Wenn zwei Menschen auch grundverschiedene Auffassungen von Liebe haben mögen, einen gemeinsamen Nenner können sie immer finden: gegenseitige Zärtlichkeit. Zärtlichkeit im Blick, in der körperlichen Berührung, im Wort und vor allem im täglichen Umgang. Da kommt sie am Samstag morgen mit einem Kofferraum voller Lebensmittel vom Großmarkt zurück. Es macht nun einen weltweiten Unterschied, ob ihr Mann ihr entgegengeht und hilft oder ob er auf seinem Hintern sitzen bleibt und die Zeitung liest. Und es macht einen weltweiten Unterschied, ob eine Frau zu ihrem Mann sagt, der am Sonntag nachmittag auf Geschäftsreise gehen muß: „Du findest ja selber hinaus" und dabei über ihrem Strickzeug sitzen bleibt, oder ob sie ihn zur Garage begleitet und winkt, bis sein Auto um die Ecke gebogen ist. Ganz gleich, welcher Liebestyp Sie nach John Lee sind, sicher ist Ihnen eine gefühlvolle Körpermassage angenehm, und bestimmt haben Sie nichts gegen einen schön gedeckten Tisch, ein prickelndes Bad oder den dezenten Geruch eines gepflegten Menschen.

Immer wieder muß ich feststellen: Unkomplizierte Menschen haben nicht nur mehr vom Leben, sie haben auch mehr vom Sex. Sie sind spontan zärtlicher, sie kommen besser mit sich und anderen zurecht. Ihr einziges Prinzip in partnerschaftlichen Dingen, meine Damen, meine Herren, sollte sein, keine Prinzipien zu haben. Wenn Sie sich wirklich lieben, werden Sie auch andere lieben und zu ihnen zärtlich sein können, ja von innen heraus müssen. Wer mit sich selbst nicht zurechtkommt, hat auch Probleme mit anderen, und sei es die eigene Ehefrau oder das eigene Kind.

Um auf dieser Erde ein Höchstmaß an Zufriedenheit zu ernten, muß man psychologisch ein Allesfresser sein, und das zärtlichste Gebet, das jemals zum Himmel stieg, kam von eines Dichters Lippen, als er beim Anblick einer Schar schöner Menschen murmelte: „Oh, Herr, gib mir sie alle!“

Wirkliche Schwierigkeiten

Immer wieder kommt es vor, daß sich ein Mann mit sexuellen Eheproblemen als verkappter Homosexueller erweist. Seine Fantasien bestätigen es. Oft aber bringt es Gruppensex an den Tag – oder besser an die Nacht. Da erweist es sich dann, daß der betreffende Ehemann sich mehr für die anwesenden Männer als für die Frauen interessiert, worüber er oft selbst nicht wenig überrascht ist. Noch rechtzeitig entdeckte eine meiner Patientinnen diese geheimen Neigungen ihres Mannes. Rechtzeitig deswegen, weil sie von ihm noch keine Kinder hatte. Dieser Mann hatte ihr seine eigentlichen Neigungen verschwiegen und mehr oder weniger nur in der Hoffnung geheiratet, von ihr umgekrempelt zu werden. Der Gedanke an eine Ehescheidung erschütterte ihn zwar so sehr, daß von Selbstmord die Rede war. Seine Frau trennte sich aber trotzdem von ihm: Er lebt noch heute. Sie kommentierte den Fall: „So ein Egoist verdient keine Rücksichtnahme, geschweige denn Liebe." Sollten Sie von einem homosexuellen Mann zwar Kinder, aber wenig Zuneigung empfangen haben, sich jedoch aus verschiedenen Gründen von ihm nicht trennen wollen, dann werden Sie sich in irgendeiner Form arrangieren können. Neulich las ich ein Zeitungsinserat, das dem Sinn nach so lautete: Ehemann, der seine Frau nicht ganz auslastet, sucht Hilfe . . . Vielleicht verzichten Sie auf diese Hilfe, liebe Leserin. Worauf Sie aber auf jeden Fall Anspruch haben, ist Zärtlichkeit von Seiten Ihres Mannes.

Nicht wenige Frauen finden in den Armen ihrer Männer nur deswegen so wenig Erfüllung, weil sie dieses Glück bewußt oder unbewußt auch in den Armen von Frauen suchen. Sollte dies in Ihrer Ehe der Fall sein, dann darf ich Ihnen zu einem der schönsten Abenteuer gratulieren: zum Triollieren. Laut Statistik gibt die Hälfte aller Männer den Wunsch zu, mit zwei Frauen schlafen zu dürfen. Und die meisten der anderen Hälfte träumen insgeheim davon. Nicht immer ganz leicht dürfte es sein, die geeignete Partnerin zu finden. Vielleicht kennt Ihr Mann jemanden, vielleicht Sie. Nehmen wir an, Sie haben diese Dritte kennengelernt und akzeptiert. Dann laden Sie sie zu sich nach Hause ein, zu einem späten Drink, zu einer Tasse Kaffee, zum Abendessen. Sie legen eine Tanzplatte auf, und Ihr Mann tanzt mit ihr, enger und zärtlicher als üblich. Nun ist es an Ihnen, liebe Leserin, den leicht verwirrten Gast zu beruhigen: „Denken Sie sich nichts“, sagen Sie, „ich bin nicht eifersüchtig. Es wäre auch zu komisch, wenn meinem Mann eine so nette Frau wie Sie nicht gefiele.“

Ein Geschenk des Himmels ist es, wenn die Dritte im Bunde Kopfweh oder Rückenschmerzen hat. Dann können Sie Ihre Massagekenntnisse anbieten. Natürlich sollten Sie bereits über solche verfügen, nicht erst jetzt ihre Fingerübungen beginnen. Ihr Mann hilft Ihnen dabei. Von zwei zärtlichen Menschen massiert zu werden, sei ein Hochgenuß, sagen Kenner.

Es wird spät, ein wenig Alkohol, noch ein Tanz und noch ein Glas. „Warum gehen wir eigentlich nicht ins Bett?“

So ungefähr soll es ablaufen, verrieten mir Triollierer. Was sie aber auch nicht verschweigen: Manche Auserwählte habe sie mit wüsten Beschimpfungen mitten in der Nacht verlassen, als sie merkte, was hier gespielt werden sollte.

Bleibt sie aber, gebietet es die Höflichkeit, daß Sie, liebe Leserin, Ihr im gemeinsamen Bett den Vortritt einräumen. Und Sie werden dabei nicht teilnahmslos zuschauen. Machen Sie sich auf eines gefaßt: Es kann sehr wohl sein, daß sich die Dritte im Zustand sexueller Erregung auch an Sie heranmacht, was die Betreffende noch vor wenigen Minuten allen Ernstes als „unmöglich" oder „nicht ausdenkbar" abgelehnt hätte. Tut sie es nicht, sollten Sie es versuchen. In sehr vielen Fällen werden Sie auf keinen Widerstand stoßen, eher auf Dankbarkeit.

Nun ein Fall, wo Triollieren sogar eine Ehe rettete. Nach dem Aufbau einer angesehenen Firma, zu dem nicht unwesentlich seine Frau beigetragen hatte, stiegen einem Ehemann seine wirtschaftlichen Erfolge in den Kopf. Er hatte nun alles, was er sich wünschte, nur eines nicht: einen Harem. Er wurde immer sexbesessener, und seine Freundinnen wurden immer zahlreicher. Wegen der noch kleinen Kinder wollte sich seine Frau aber nicht von ihm scheiden lassen. Als rauchendes und saufendes Exemplar menschlichen Elendes kam sie zu uns in die Praxis. Sie liebte ihren Mann nur noch mäßig. Es war also nicht Liebe, sondern gekränkte Eitelkeit, was sie so schmerzte. Sie wollte aber wissen, ob sie normal sei; ihr Mann setzte sie immer wieder als sexuelle Niete herunter, wobei er selbst nach ihrer Schilderung von einem Helden weit entfernt war. Die Ehe war so gut wie kaputt, die bisherigen Eifersuchtsszenen hatten keinen Erfolg gezeitigt.

Also riet ich ihr zu einem ganz anderen Vorgehen. Er sollte eine seiner Freundinnen mit nach Hause bringen. Es dauerte eine Weile, bis die Frau den Brocken geschluckt hatte. Aber dann akzeptierte sie, und er war am Ziel seiner Wünsche. So schien es jedenfalls. Als dann aber der erste große Abend stieg, erwies er sich als Niete. Wiederholungen mit anderen Partnerinnen veränderten das Bild nicht. Schließlich lernte der Mann zwischen Fantasie und Wirklichkeit zu unterscheiden. Und die Frau hörte auf, an ihrem Talent zur Erotik zu zweifeln. Nach wie vor sei er, so erzählte mir später seine Frau, der starke Mann im Geschäft und bei Tisch, aber im Bett begnüge er sich nun mit kleineren Rollen.

Mit Tränen in den Augen bat eine andere Klientin, ihren Mann ruhigzustellen und ihn von seinen nervösen Magenbeschwerden zu befreien. Es sei mit ihm nicht mehr auszuhalten. Der etwa 45jährige Mann, ein sehr angesehener Beamter, litt seit Monaten unter Magenschmerzen, für die kein Arzt eine Ursache fand. Seitdem ging er nicht mehr ins Büro, sondern bearbeitete seine Akten zu Hause. Ein zum Lüften geöffnetes Fenster, eine nur angelehnte Tür, eine um wenige Grade zu heiße Suppe, alles das betrachtete dieser Hypochonder als einen geplanten Angriff auf seine Gesundheit. Die um Jahre jüngere, sehr lebenslustige Frau kannte ihren Mann nur noch als vermummten, nörgelnden Greis, der sie seit Monaten nicht mehr angerührt hatte. Bissig wehrte er jeden Ansatz von Zärtlichkeit ab. In ihrer Verzweiflung packte schließlich die Frau ihre Koffer und fuhr zu ihren Eltern. Seine Mutter kam. Als auch die es nicht lange bei ihm aushielt, versuchte er es eine Zeitlang mit Zugehfrauen. Als seine Frau ihn dann einmal besuchte, erwies er sich von zuvor nie gekannter Liebenswürdigkeit. Ja, sie verbrachten sogar die Nacht zusammen, und die junge Frau fuhr nur noch zu ihren Eltern zurück, um ihre Sachen zu holen. Nach Monaten erzählte sie mir: „Ich hatte noch nie einen zärtlicheren Mann als jetzt!" „Was macht sein Magen?" „Dem scheint es ausgezeichnet zu gehen. Wir reden nicht mehr davon."

Wir können nicht früh genug lernen, daß es im Leben nicht für alles Heilmittel gibt. Wahrscheinlich wäre jeder Versuch, diese Ehe mit Sex, Erotik, Zärtlichkeit oder Liebe retten zu wollen, gescheitert. Manchmal muß man eine Ehe aufs Spiel setzen, um zu retten, was noch zu retten ist.

Ein anderer schwieriger Fall:

Ein Mann hatte eine junge Frau absichtlich und gegen ihren Willen geschwängert und dann geheiratet. Sie wurde mit ihm nicht glücklich, und er mit ihr nur wenige Wochen. Sie flüchtete in mehrere Krankheiten – unklare Rückenschmerzen, Migräne –, und er flüchtete sich in Vereinsmeierei. Nach außen hin und vor ihrem Kind wahrten sie die Form. Ansonsten lebten sie wie Bruder und Schwester zusammen. Sie verschwand zwei-, dreimal im Jahr in ein Sanatorium oder in ein Bad, und er hielt sich immer mehr in Männergesellschaft auf. Jeder Versuch, einen Neubeginn zu wagen, wurde von beiden Seiten kategorisch abgelehnt. Sie hatten ihren Frieden miteinander gefunden.

Einmal fragte mich ein Patient, ob es nicht so wie in Kalifornien „Bumskurse" auch in der Bundesrepublik gäbe. „Mir ist nichts bekannt. Aber warum?" wollte ich wissen. Er kenne nun seine Frau vier Jahre. In dieser Zeit habe sie sich sexuell aber eher zurückgebildet statt entwickelt. Die Sache fange an, fade zu werden. Am liebsten würde er seine Frau auf so einen „Bumskurs" schicken, damit sie dort endlich mal etwas Neues lerne.

Was er als „fad" bezeichnete und im Detail schilderte, war ein ganz normales Sexualverhalten. Seine Unzufriedenheit hatte einen ganz anderen Grund. Dieser Mann rauchte 60 bis 70 Zigaretten am Tag, trank 15 bis 20 Tassen schwarzen Kaffee und führte ein verrückt hektisches Berufsleben. Was er dann zu Hause von seiner Frau erwartete, waren sadistisch-masochistische Praktiken. Um die junge Ehe zu retten, hatte seine Frau ein paarmal mitgemacht, dabei aber wenig Spaß empfunden. Am energischsten erhob er seine Forderung, wenn seine Frau ihre Tage hatte oder wenn sie gerade ausgehen wollte. Der Mann war leicht zu durchschauen. Obwohl er noch sehr jung war, hatte seine Potenz in den letzten Jahren stark nachgelassen. Er wollte dies weder sich noch seiner Frau eingestehen. Im Grunde genommen suchte er gar keinen sexuellen Kontakt mit seiner Frau. Deswegen verlangte er von ihr Dinge, die sie ablehnte. Dann hatte er die Genugtuung, sich und seiner Frau vorzumachen, welch toller Hecht er sein könne, wenn sie nur mitspielen würde. Um ihrer Ehe willen empfahl ich ihr, eine Zeitlang genau das zu tun, was ihr Mann von ihr forderte. Sie tat es. Dabei erwies er sich aber als mehr oder weniger impotent. Seine Frau drohte nun mit Scheidung, wenn er nicht Nikotin, Koffein und wichtigtuerische berufliche Hektik aufgäbe. Mit Hilfe vertiefter Entspannung gewöhnte er sich bei uns das Rauchen ab, reduzierte seinen Kaffeeverbrauch und absolvierte erfolgreich mein Antistreß-Training. Dazu Kneipp'sche Bäder und Güsse, ferner Sport. Er erholte sich körperlich rasch. Und auch seine Ehe normalisierte sich im wahrsten Sinne des Wortes.

Neubeginn

Normalfälle sehen ganz anders aus. Etwa so: Nach einigen Jahren des Zusammenlebens hat der Trott begonnen. Langeweile beherrscht die Szene. Die Frau wird nachlässiger, er ebenso. Wie nachlässig beide geworden sind, wissen sie meist nur selbst; denn bekommen sie Besuch, setzen sie oft ein anderes Gesicht auf. Langeweile und Routine auch in ihren körperlichen Beziehungen. Ein Viertel aller Ehefrauen suchen dann hin und wieder ein kleines Abenteuer in einer außerehelichen Verbindung, und über die Hälfte aller Männer tun dies laut Statistik auch. Man ist zu träge geworden, um über einen Neubeginn auch nur nachzudenken. In vielen Fällen vergrößert starkes Trinken die Leber und verkleinert die Chancen einer Renaissance der Ehe. Vielleicht kauft er sich manchmal ein Pornoheft und träumt von besseren Zeiten, und sie liest Groschenromane und identifiziert sich mit zärtlich-liebenden Frauengestalten. Wären keine Kinder da und würde es nicht so viele Umstände machen, sich scheiden zu lassen, sie wären schon lange geschieden. Und überhaupt . . . Wer würde die Wohnungseinrichtung bekommen, wer den Bausparvertrag, wer müßte die Rechtsanwälte bezahlen?

Aber immer wieder lehnt sich jemand gegen die Langeweile auf, gegen den Tod von Zärtlichkeit und Liebe. Lehnt sich auch dagegen auf, daß Sex immer mehr zum Ventil menschlicher Tierverwandtschaft degeneriert.

Meist sind es Frauen, die spüren: Wenn nicht bald etwas

in unserer Ehe passiert, müssen wir auseinandergehen, um nicht die Selbstachtung vor uns zu verlieren. Wenn nicht bald etwas in unserer Ehe passiert, macht mein Mann es vielleicht doch noch wahr und geht. Noch hat er wahrscheinlich keine Geliebte, aber je mehr er in seine berühmte Midlife Crisis gerät, um so wilder wird sein Ausbruchsversuch. Männer haben es auch im reiferen Alter leichter, eine neue Partnerin zu finden. Auf die meisten Frauen in diesem Alter wartet die Einsamkeit oder eine andere Notlösung. Der Fall eines Patienten, den wir zur Tarnung Richard nennen, kann uns einiges lehren. Richard war seit zwanzig Jahren mit einer sehr attraktiven Frau verheiratet, die nie vergaß, daß sie aus einem besseren Hause stammte als er. Obwohl Richard dies immer wieder hören mußte, war er treu, bis er in seiner Firma einem um Jahre jüngeren Mädchen begegnete, die ihn sehr bald anhimmelte. Richard, noch immer treu, erzählte seiner Frau, daß er mit seiner Sekretärin ein Verhältnis begonnen habe und daß er sie und sie ihn in den siebten Sexhimmel versetze, wo er schon längst wieder einmal hin wollte. Richard zog mit seinem neuen Schatz in ein Apartment und ließ Frau sowie die halberwachsene Tochter zurück.

Kaum war Richard verschwunden, tauchten bei seiner Frau mehrere seiner Freunde auf. Männer, die ihr früher geschworen hatten, sie würden für sie sterben. Aber mehr auch nicht. Keiner war bereit, sich zum Beispiel scheiden zu lassen und sie zu heiraten, jetzt, da sie zu haben war. Eines Abends kam auch wieder Richard. Um eine lange Geschichte kurz zu machen: Nach zwanzig Ehejahren wollte Richard ein neues Leben beginnen. Der Inbegriff des Neuen war für ihn eine neue Frau, präziser noch: ein neuer Körper mit allem Drum und Dran. Als Richard dies alles bei seiner

Sekretärin genossen hatte, war er genauso weit wie zuvor und wollte nach Hause zu seiner Frau und zu seiner Tochter. Selbstredend zierte sich seine Frau einige Tage lang, aber dann nahm sie ihn wieder auf. Ein Neubeginn war möglich gewesen, weil Richards Frau verstand, daß sein Ausbruch nicht die Basis dieser Ehe vernichtet, sondern nur ihren Stolz verletzt hatte.

Ein Neubeginn kann aber auch mit weniger dramatischen Szenen, zerschlagenem Geschirr und Herzeleid erfolgen. Zunächst einmal die Frage: Soll ich mit meinem Partner besprechen, daß ich um die Zukunft unserer Ehe bange? Für alle verbindlich kann diese Frage nicht beantwortet werden. Käme ich in einen Ehenotstand, ich würde zu meiner Frau sagen: „Wenn wir so weitermachen, endet die Geschichte nicht gut. Warum ist es überhaupt so weit gekommen? Meine Ansicht ist folgendermaßen . . . Und deine?“ Und dann würde ich versuchen, zusammen mit meiner Frau eine Lösung zu finden.

Immer wieder höre ich aber von Patienten: „So etwas kann ich ganz einfach nicht mit meinem Partner besprechen. Er weiß alles besser.“ Manchmal höre ich auch: „Er hat keinerlei Gespür dafür, daß wir uns in einer verfahrenen Situation befinden.“

Hält Ihr Partner nichts oder nicht viel von Psychologie, Eheberatung, von Analysen und Nachdenken, dann ersparen Sie ihm besser so ein Gespräch. Leben Sie ihm statt dessen vor, daß Sie auf dem Weg zu einer Wiederbelebung Ihrer Ehe sind. In diesem Fall geben Sie ihm auch nicht dieses Buch zum Lesen. Vielleicht würde ihn schon der Titel erschrecken. Lieben mit Zärtlichkeit.

Ich bin doch nicht schwul . . .

Nehmen wir an, Sie haben sich entschließen können, mit ihm über ihr gemeinsames Problem zu sprechen. Passende Gelegenheiten für so ein Gespräch präsentieren sich häufig:

● Sie waren aus. Ein gelungener Abend. Vielleicht wurde viel gelacht, vielleicht hörten oder sahen Sie etwas, das zum Nachdenken reizt. Sie kommen nach Hause. „Trinken wir noch ein Bier, ein Glas Wein, eine Tasse Kaffee?" Oder Sie liegen im Bett und bringen nochmals das Gespräch auf die letzten Stunden.

„Das war wirklich ein schöner Abend. Du warst sehr entspannt und gut gelaunt. Ganz so wie früher. Dann bist du um Jahre jünger. Ich bin manchmal etwas traurig, wenn ich bedenke, wie wenig wir tun, um uns das Leben schöner zu machen. Ich würde gerne nochmals mit dir von vorne anfangen ... Weißt du noch, damals? War das nicht herrlich? In den letzten Jahren allerdings ...

● Es ist ein besonderer Tag. Sie haben Geburtstag; Ihr Partner hat Geburtstag; ein Kind verheiratet sich; ein Enkel wurde geboren. Heiliger Abend; Silvester; Rückkehr vom Krankenhaus; ein Todesfall, der einem nahegeht ...

„Ich denke in letzter Zeit häufig über das Leben nach. Natürlich ganz besonders über unser Leben. Und dann frage ich mich: Muß es sein, daß wir uns immer weniger zu geben haben? Daß wir im Bett gelegentlich Dampf ablassen mit einem Minimum an Zärtlichkeit? Muß das wirklich so nüchtern sein? Ich bin natürlich nicht frei von Schuld. Ich hätte zum Beispiel nicht ... Hättest du nicht auch Lust, genau dort wieder anzufangen, wo es, wie wir zurückblikkend sagen müssen, damals aufgehört hat?"

● Sie machen Urlaub. Sie fühlen sich wohl. Eine Landschaft, eine Stadt, eine Bootsfahrt, irgend etwas für Sie Ungewöhnliches hat Sie angesprochen, und auch Ihr Partner erlebt, daß es im Leben noch mehr gibt als nur den Alltagstrott. „Warum suchen wir eigentlich nicht öfters solche Erlebnisse? Ich meine natürlich nicht nur den Mond über Capri oder Carneval in Rio. Ich habe in letzter Zeit viel darüber nachgedacht, was wir eigentlich alles versäumen. Du bist abends müde, und ich bin abends müde, und dann gehen wir ins Bett, und dort sind wir auch müde. Erinnerst du dich, als die Kinder noch zu Hause waren und wir manchmal in den Keller gehen mußten, weil du es nicht mehr bis zum Abend ausgehalten hast? Genau so würde ich dich gern manchmal wieder erleben. Mit Leidenschaft und Schwung, mit Humor und Übermut . . . Übrigens, dazu ist man nie zu alt. Wenn du dir natürlich immer wieder einsuggerierst, du seist alt, dann glaubst du am Schluß noch selber dran. Ich las neulich einen Bericht, was sich da so alles in Altersheimen zwischen Männchen und Weibchen noch tut. Du, verglichen mit denen sind wir wahre Waisenkinder . . . Warum eigentlich? Du kannst mich ein altes Ferkel nennen, aber ich möchte auch gern einmal mit dir wieder . . . Ich möchte nicht sterben, bevor ich das nicht mit dir erleben durfte. Die anderen machen's doch auch. Warum eigentlich nicht wir?"

● Sie hatten Streit mit Ihrem Partner, vielleicht wieder über ein und denselben Punkt.

„Wenn ich mir vorstelle, daß unser Leben noch zehn, fünfzehn Jahre so weitergehen soll, und dann werden wir krank, und dann sterbe ich, und dann stirbst du . . . Ich frage mich manchmal, warum wir überhaupt noch zusammen leben. Ich lebe auf einem Stern, und du lebst auf einem anderen. Und von Zeit zu Zeit ziehen unsere Sterne aneinander vorbei, und wir machen müde Winkewinke. Andererseits habe ich dich immer noch so lieb, daß ich mir manchmal denke: Was ist uns im Leben nicht schon alles geglückt. Was hast du nicht schon alles auf die Beine gestellt. Mit uns beiden aber ist es doch, ehrlich gesagt, ein Fiasko. Muß das sein? Oder stelle ich mich nur so dumm an? Oder trifft auch dich ein wenig Schuld? Irgendwie müssen wir mal darüber sprechen, sonst landet unsere Ehe noch im Graben."

● „Ich habe mir neulich gedacht: Ich weiß, wieviel Süßstoff du zum Kaffee nimmst, ich weiß, was du am liebsten ißt, ich weiß, wie ich dir ein Hähnchen braten muß, damit es dir am besten schmeckt, ich weiß, welchen Anzug du am liebsten anziehst, ich weiß aber nicht, ob ich dir's im Bett recht mache. Warum haben wir eigentlich nie darüber gesprochen? Sicher hast du den einen oder anderen Wunsch in dieser Hinsicht. Du hast mir mal erzählt, wie schön es mit deiner ersten Braut war. Was hat sie gemacht, was ich nicht mache? Genier dich doch nicht! Du kannst's mir ruhig sagen. Ich möchte dir doch den größtmöglichen Spaß bereiten. Das Leben besteht nicht nur aus Arbeit, Sparen und Sorge für die Kinder. Also . . ."

● „Ich habe mir neulich gedacht: Wenn ich bei einer guten Fee drei Wünsche frei hätte, dann würde ich sagen: Erstens, du und die Kinder und ich, wir sollen gesund bleiben. Zweitens, ich möchte dich wieder so heiter sehen wie das einmal vor Jahren der Fall war. Und drittens, und jetzt denkst du dir, ich bin ein altes Ferkel, weil ich mir wünsche, einmal im Bett mit dir auch das und das zu erleben . . . Die anderen tun's auch. Warum haben eigentlich wir das noch nie probiert?"

● „Ich hab' natürlich gesehen, wie gern du meine Freundin hast und was du ihr bedeutest. Manchmal frage ich mich, ob ihr beide euch nicht insgeheim trefft. Du brauchst mir keine Beteuerungen zu geben. Ich will gar nichts weiter wissen. Ich sage mir nur immer wieder: Ganz klar, daß Du meine Freundin liebst. Sie bietet dir den Reiz des Neuen. Wenn du hundert- oder fünfzigmal mit ihr geschlafen hast, ist dieser Reiz natürlich auch weg. Lohnt es sich dann wirklich, daß ihretwegen vielleicht unsere Ehe zerbricht? Daß die Kinder mich abends fragen, warum kommt der Papa nicht nach Hause? Soll ich ihnen dann sagen, er mag eure Mutter nicht mehr? Er mag Tante soundso lieber? Wenn es dich und meine Freundin wirklich so gepackt hat, warum machen wir's eigentlich nicht zu dritt? Ich hab' sie sehr gern. Ich kann mir gut vorstellen, wie ich sie streichle, während sie dich glücklich macht. Jedenfalls wäre es deiner würdiger, vor mir keine Heimlichkeiten mehr zu haben. Wer lügt schon gern. Willst du mit ihr sprechen, oder soll ich es tun? Wenn du findest, ich soll es tun, dann würde ich ihr sagen, daß ich es mir wünsche, sie einmal in Deinen Armen zu sehen? Einverstanden?"

● „Wir leben jetzt zwanzig Jahre zusammen. Eine lange Zeit, eine Zeit mit vielen schönen Stunden. Ich möchte eigentlich mit keinem anderen Partner zusammen sein als mit dir. Trotzdem frage ich mich, wo wir beide einmal landen, wenn die Langeweile in unserem Leben so zunimmt, wie in den letzten drei Jahren. Da sind wir bald nur noch atmende Leichen. Wenn ich eine Fee wäre und könnte dir drei deiner innigsten Wünsche erfüllen, welche Wünsche würdest du mir dann nennen?“ Wenn die Wünsche nicht in der Richtung liegen, die Sie ansteuern wollen, können Sie ja nachhelfen. Etwa so: „Ich las neulich in einer Illustrierten . . .“ Und nun erzählen Sie Ihrem Partner, was Sie sich eigentlich schon lange von ihm wünschen, was er aber bisher nicht gemacht hat, was aber so viele andere Menschen tun.

- „Oh, Schatz, machst du das wieder schön. Aber langsam, langsam, ich möchte, daß das noch lange so bleibt!“

- „Mensch, du bist aber heute in Form! Warum machen wir das eigentlich nicht öfters so?“

- „Bei uns haben neulich ein paar Kollegen in der Pause gesauigelt und über verschiedene Stellungen beim Verkehr gesprochen. Einer bekam ganz glasige Augen, als er erzählte, wie er das mit seiner Geliebten macht. Da legt er sich auf den Rücken . . .“ Und dann schildern Sie, wie Sie es gern einmal hätten. „Meinst du, wir sollten es nicht auch einmal probieren? Kostet ja nichts. Vielleicht macht’s uns beiden Spaß.“

- „Wenn wir zwei so weitermachen, können wir demnächst an einer Sex-Olympiade teilnehmen. Für die Goldmedaille müßten wir aber noch einiges dazulernen. Mein Kumpel erzählte neulich, seine Alte wird ganz verrückt, wenn er sie . . .“

- „Ich habe ein Buch mitgebracht, weißt du, so eines über Sexspiele. Das ist zwar nicht immer nach meinem Geschmack, aber einiges ist drin, was wir eigentlich auch einmal ausprobieren sollten."

- „Ist dir schon aufgefallen, daß wir in zwanzig Jahren Ehe noch nie zusammen in der Badewanne waren oder unter der Dusche? Da erzählte neulich eine beim Damenkränzchen, daß sie sich in die Badewanne legt, wenn sie müde ist. Und schon kommt ihr Alter, legt sich zu ihr ins Wasser und möbelt sie auf. Da habe ich mir gedacht: Warum machen wir das eigentlich nicht?"

- „Mannomann, da haben wir jetzt eine Nudel in die Abteilung bekommen. Du kannst dir keinen Menschen vorstellen, der ungenierter ist. Weißt du, was die heute in der Kaffeepause erzählt hat? Sie war neulich mit ihrem Mann in einem Pornofilm. Das hat die beiden so angemacht, daß sie nach dem Film im Dauerlauf zu ihrem Auto gerannt sind. Zu Hause muß dann der Teufel losgewesen sein. Du, nimm mir's nicht übel, aber ich würde auch mal gern mit dir in so einen Schuppen gehen. Da soll es doch so ein Kino geben. Wir könnten uns natürlich auch einige Filme ausleihen. In der Zeitung stehen immer wieder Angebote. Vielleicht schauen wir uns so einen Film im Bett an . . ."

Schön und gut, denken Sie sich vielleicht jetzt. Aber Sie kennen meinen Partner nicht. Mit ihm könnte man nie so sprechen. Kaum berührt man dieses Thema, schaltet er ab oder wird ungehalten.

Männer gestehen oft, ihre Frauen seien zu gehemmt für neue Abenteuer im Bett oder auf dem Wohnzimmerteppich. Sie ließen nicht einmal mit sich darüber reden. Gut, dann handeln Sie! Dann zeigen Sie Ihrem Partner, daß es Ihnen blutig ernst ist, ein neues Leben zu beginnen. Er ist herzlich eingeladen, mitzumachen. Wenn nicht, dann soll er sehen, wo er bleibt. Kündigen Sie Ihre Reformbestrebungen nicht an, aber führen Sie diese so unmißverständlich durch, daß Ihr Partner merkt, es steckt mehr als nur eine Laune des Augenblicks dahinter.

Sehr häufig werden Partner dann verunsichert, ja sogar eifersüchtig. Herrlich! Lassen Sie Ihren Partner eifersüchtig werden. Wahrscheinlich ist Eifersucht oder die Angst, Sie zu verlieren, noch das zuverlässigste Mittel, ihn aus seiner Lethargie zu reißen.

Ich darf also annehmen, Sie haben die Nase voll vom Niedergang Ihres Gefühlslebens. Und Sie haben erkannt, daß es wenig hilft, von den einstigen Taten der Jugend zu träumen. Sie sind vielleicht auch nicht mehr in der besten, körperlichen Verfassung.

Zwar sind Muskeln nicht so wichtig wie Zärtlichkeit. Die wichtigsten Muskeln für eine Ehe sind sowieso nur die Ihrer Finger und die Ihrer Zunge. Andererseits wissen Sie von einem früheren Kapitel her, daß beim Mann Schlankheit, ein flacher Bauch und stramme, schmale Pobacken enorme Anziehungskraft auf das andere Geschlecht ausüben. Wenn Sie es nicht schon getan haben, vielleicht schauen Sie einmal in den Spiegel und fragen sich: Kann man so einen Körper eigentlich einem anderen Menschen zumuten? Brüstchen auf einem Männerthorax, ein Hängebauch, womöglich eine Fettschürze, die über die Schamhaare hängt, Pobacken, deren unterer Rand an die Uhrzeigerstellung um halb acht erinnert: traurig, traurig. Ein Hohlkreuz dazu, weil der Wanst die Wirbelsäule nach vorne zieht. Schwabbelige oder zu dürre Oberschenkel, eigentlich keine Waden, und bei der geringsten Anstrengung geht die Luft aus. Wen soll eigentlich so ein Körper auf neue Gedanken bringen? Wer erwartet von so einem Wrack kräftige Stöße oder Gegenstöße? Wer traut ihm gar die Ausdauer für eine fantasievolle Stellung zu?

Natürlich brauchen Sie jetzt nicht anzufangen, auf Marathon zu trainieren oder wie ein Elitesoldat Eskaladierwände zu überwinden. Aber Sie sollten wieder Form annehmen. Selbst wenn Ihr Partner so primitiv oder bereits von Ihnen schon so geschädigt sein sollte, daß er Ihre neue Kondition nicht mehr zu schätzen weiß, Sie selber haben auf alle Fälle mehr davon: mehr Jugendlichkeit, mehr Frische, mehr Leichtigkeit und mehr Chancen – notfalls bei anderen Partnern.

Sollten Sie zu dick sein, specken Sie ab, am besten mit der SIS-Methode, also mit der spielerischsten und zuverlässigsten Methode, die Sie nicht nur schlank macht, sondern auch schlank erhält. Obendrein und als Nebenprodukt lernen Sie, Ihr Unbewußtes in den Griff zu bekommen, eine enorm wichtige Fähigkeit, wenn Sie zum Beispiel an vorzeitigem Samenerguß, Erektionsschwäche oder sexueller Unterkühlung leiden sollten. Die SIS-Methode, wie ich sie in meinem Buch „Schlank im Schlaf" beschrieben habe, stellt auch ein Antistreß-Training dar. Wirklich, es besteht keine Entschuldigung mehr für die Klage: „Ich bin abends so gestreßt. Da ist nicht mehr viel los mit mir." In einer Woche „Bodensee-Kurz-Kur" lernen Sie die SIS-Methode bis zur Perfektion.

ZIEL: FESTIGUNG DER BRUSTMUSKULATUR

Sie umfassen Ihre Unterarme und schieben die Hände ruckartig mit aller Kraft nach außen. Dabei werden jedesmal Ihre Brüste nach oben springen. Verharren Sie nach jedem „Sprung" einige Sekunden in dieser Haltung. Lassen Sie Ihre Brüste jeden Tag etwa 30- bis 40mal springen.

ZIEL: STRAFFUNG IHRER OBERSCHENKEL- UND SCHEIDENMUSKULATUR

Sie strecken jedes Bein 10 Sekunden lang mit maximaler Anspannung aus und spannen dabei auch Ihre Scheidenmuskulatur an. Zugleich ein gutes Training gegen Cellulitis oder zu deren Vorbeugung.

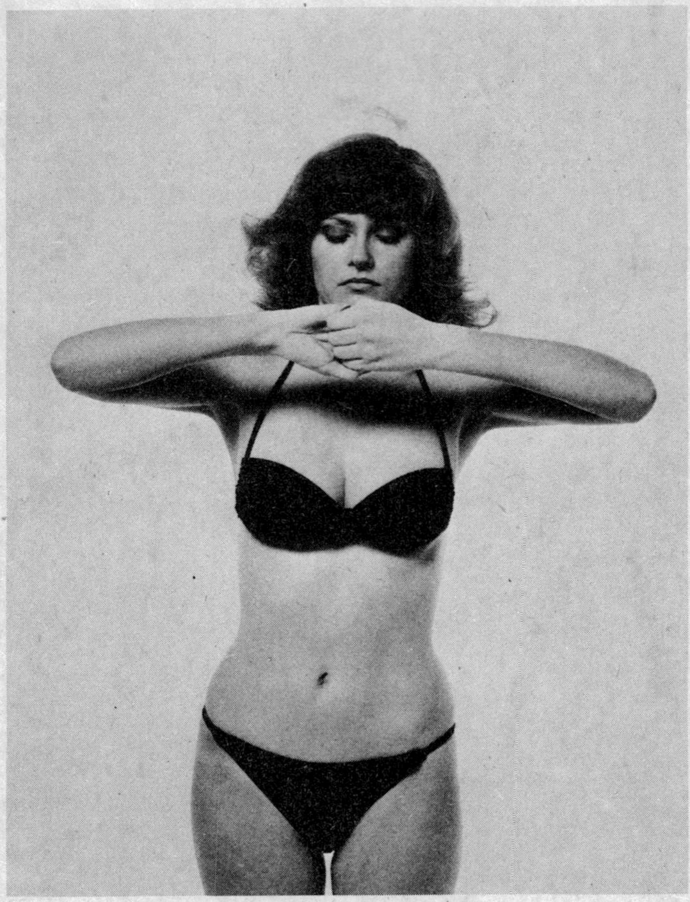

ZIEL: STRAFFUNG DER SCHULTER-, ARM-, RÜCKEN- UND BRUSTMUSKULATUR

Sie ziehen maximal 10 Sekunden lang Ihre Hände auseinander. Wie gesagt, kein Preßatmen! Also weiteratmen!

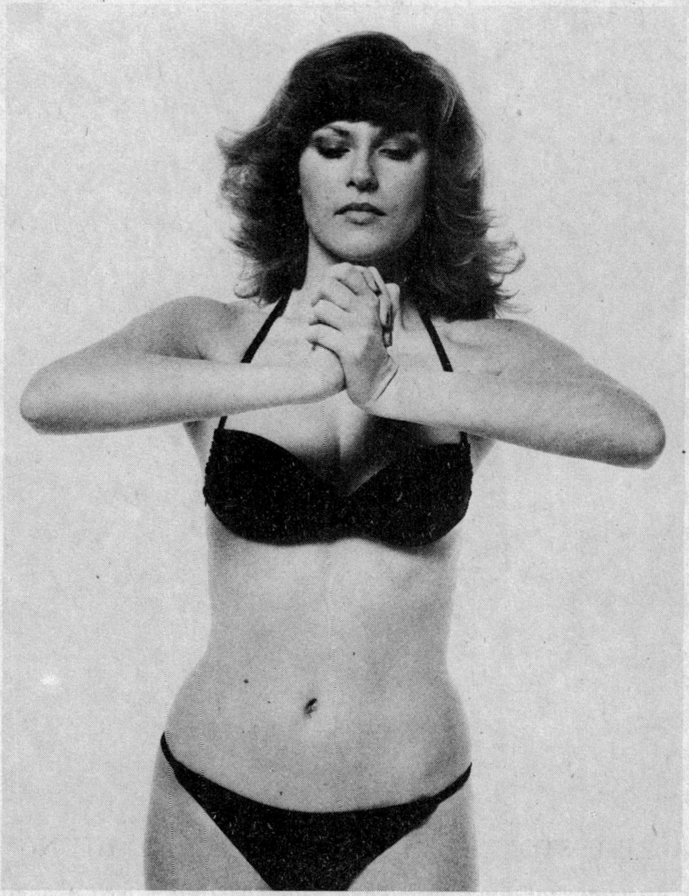

ZIEL: STRAFFUNG DER ARM-, RÜCKEN- UND BAUCHMUSKULATUR

Sie drücken Ihre Handflächen mit größter Kraft 10 Sekunden lang zusammen.

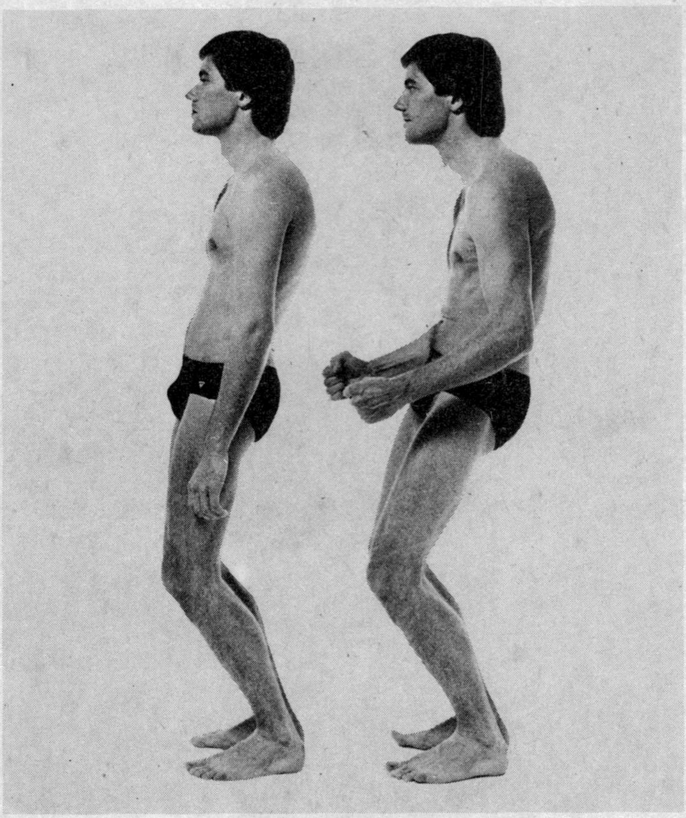

ZIEL: STOLZE, AUFRECHTE, FREIE HALTUNG

Ausgangshaltung: Sie stehen zunächst mit übertriebenem Hohlkreuz da.

Sie spannen dann 10 Sekunden maximal Bauch-, Gesäß- und Oberschenkelmuskulatur an und richten sich danach langsam auf. Sie sollten jetzt die Empfindung haben, fünf Zentimeter größer geworden zu sein und um einige Pfunde leichter.

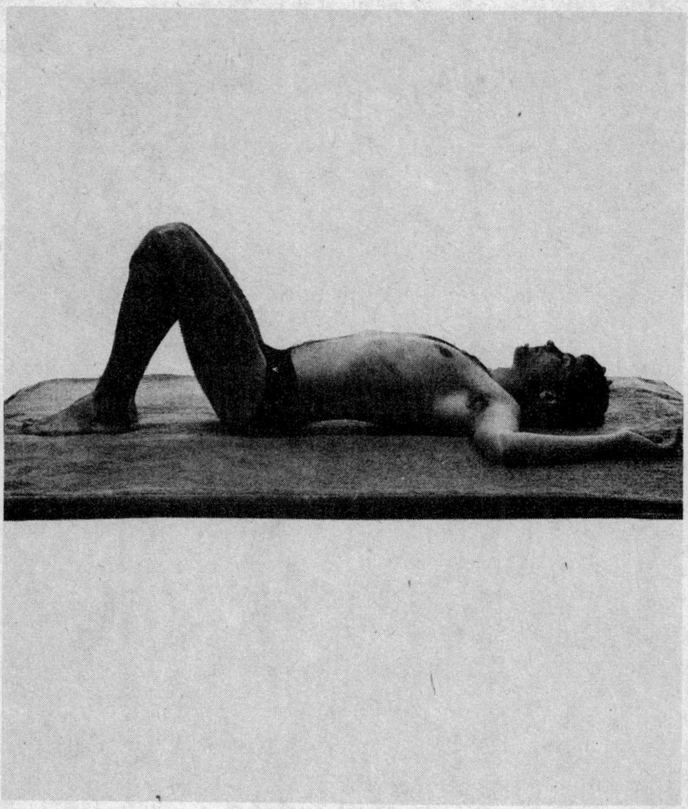

ZIEL: STÄRKUNG UND BEWEGLICHKEIT DES BECKENS

Ausgangshaltung: ein übertriebenes Hohlkreuz. Das Becken wird dann 10 Sekunden mit aller Kraft gegen den Boden gepreßt. Zugleich werden die Bauch- und Gesäßmuskeln angespannt. WIE BEI ALL DIESEN ÜBUNGEN NICHT DEN ATEM ANHALTEN!

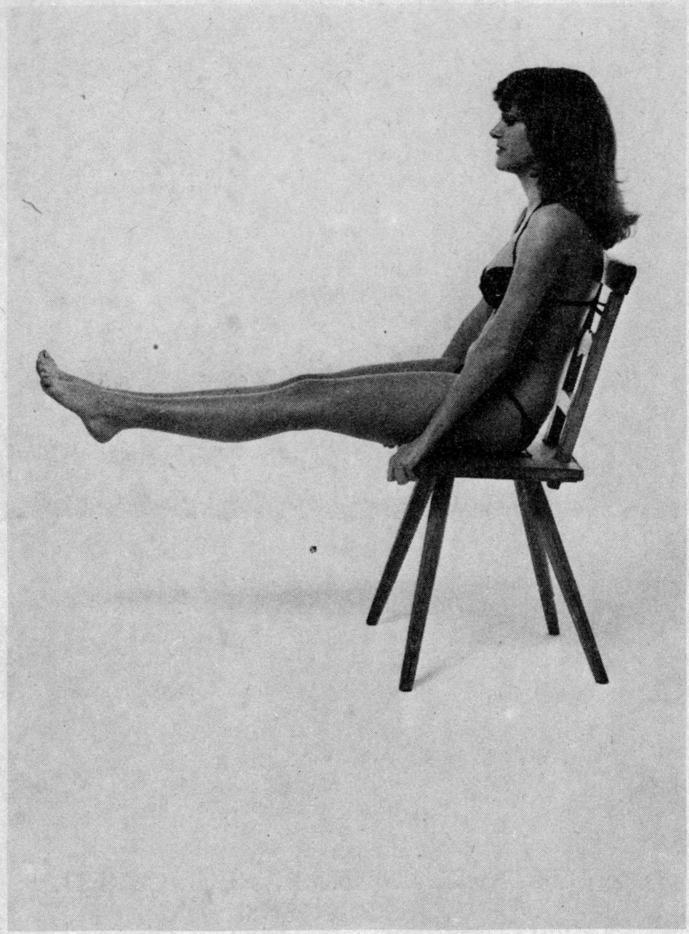

ZIEL: STÄRKUNG DER BAUCH- UND OBERSCHENKELMUSKULATUR

10 Sekunden Bauchmuskeln maximal anspannen.

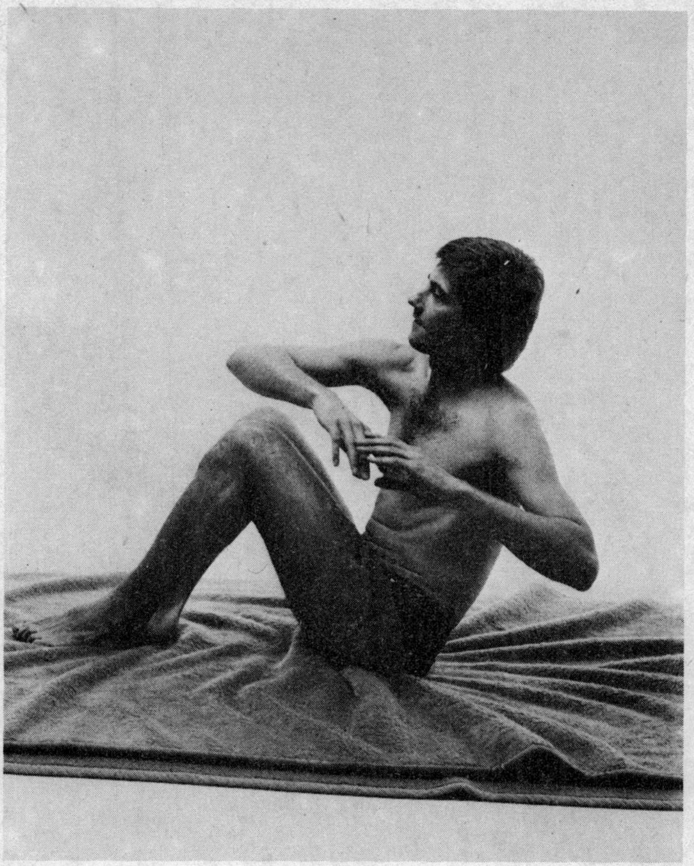

ZIEL: STRAFFUNG VON PO UND OBERSCHENKELN

Sie setzen sich auf den Boden und robben mit schwingenden Armen und Hüften vorwärts. Jeder Schwung massiert energischst Ihre Pobacken und strafft Ihre Oberschenkel.

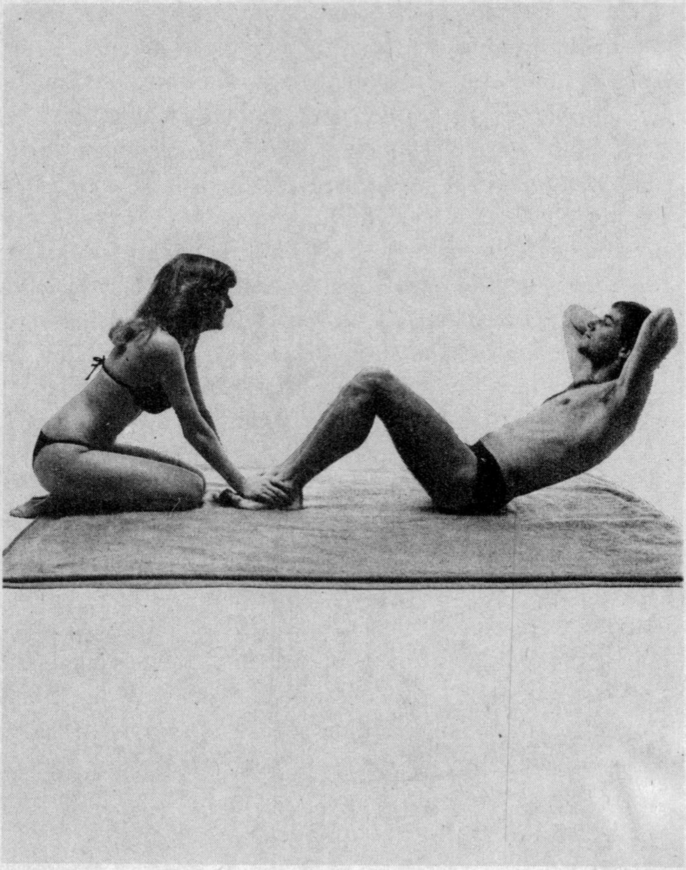

ZIEL: STÄRKUNG DER BAUCH-,
RÜCKEN- UND BEINMUSKULATUR

Es genügt, wenn Sie 10 Sekunden in dieser Haltung verharren.

Während Sie nun abnehmen, könnten Sie etwas für die Form Ihrer Muskeln tun. Genußvoll bringen Sie Ihre Skelettmuskulatur mit Isometrics in die beste Verfassung. Sollten Sie es noch nicht wissen: Es genügt, daß Sie bestimmte Muskelgruppen jeden Tag einmal 6 bis 8 Sekunden maximal anstrengen. Maximal – das ist wichtig! Die für eine gute Figur und für ein gelungenes Liebesspiel notwendigsten isometrischen Übungen finden Sie auf den folgenden Abbildungen. Sie wissen, liebe Leserin, was weibliche Oberschenkel für einen Mann bedeuten. Sie haben also volles Verständnis, daß Sie dann auch Hinweise gegen Cellulitis finden. Übrigens, die für Cellulitis verantwortlichen Riesenzellen finden sich nur im Fettgewebe. Wo kein Fettgewebe ist, kann es keine Cellulitis geben.

Wenn Sie bisher nicht Sport getrieben haben, sollten Sie ein kleines Laufprogramm beginnen: auf der Stelle laufen, dabei aber die Knie wirklich so hoch bringen, daß die Oberschenkel waagerecht sind. Fangen Sie mit 15 Sekunden an, und trainieren Sie bis zu einer Minute. Diese Laufschulung tut auch Ihren Lungen gut. Frauen haben es nicht allzu gern, wenn ihnen ein kurzatmiger Mann in die Ohren schnaubt. Einer meiner Freunde, der nicht zu wissen schien, daß seine Geliebte schon einen Partner hatte, war mir für dieses Lauftraining besonders dankbar, als der rechtmäßige Besitzer völlig unerwartet auftauchte.

Den Herren empfehle ich, wieder Liegestützen zu trainieren. Jeder Liebhaber sollte für 10 Liegestützen gut sein. Eine Frau, die unter unserem Gewicht Spielraum hat, verschafft uns viel mehr Freude. Sie sollten aber nicht zu dem Schluß kommen, daß die durch Liegestützen erlangte Kräftigung Ihrer Arm- und Schultermuskulatur dazu dient, nur noch auf Väterchen-Art (à la papa) aktiv zu werden. Außerhalb Europas nennt man das „Missionarsstellung“, und Sie haben doch andere Sorgen, als Heiden zu bekehren.

Wenn Sie etwas für die Muskulatur Ihres Rückens, Ihres Gesäßes, aber auch Ihrer Beine tun wollen, dann stellen Sie sich etwa zehn Zentimeter vor einen Tisch, auf den Sie ein Buch gelegt haben, das ungefähr zehn Zentimeter über den Tischrand reicht. Und nun stoßen Sie mit Ihrem Becken nach dem Buch, immer stärker, bis Sie das Buch ganz auf den Tisch getrieben haben. Natürlich verstehen Sie, was diese Übung außerdem noch soll. Führen Sie dazwischen immer wieder eine Kreisbewegung mit Ihrem Becken aus. Auch dafür wird man Ihnen später dankbar sein.

Machen Sie diese Übung sinngemäß auch im Liegen. Sie legen sich auf den Rücken, spreizen die Beine leicht und ziehen die Knie an. Dann stoßen Sie nach oben, aber auch nach vorne und kreisen dazwischen mit dem Becken.

Wie gesagt, das bisherige Ertüchtigungsprogramm eignet sich selbst für Mönche und Nonnen und solche, die es werden wollen. Es trägt zur allgemeinen Gesundheit bei. Ungesund sind aber auch die folgenden Übungen nicht, nur haben Sie wenig davon, wenn Sie Ihre Fähigkeiten nicht bei einem Partner anwenden. In Tao (New Mexico) lernte ich einmal einen Pueblo-Indianer kennen, der der Casanova der dortigen Reservation zu sein schien. Es überraschte mich, denn der Mann war schon an die sechzig Jahre alt und nicht mehr der schönste. Ich fragte ihn nach dem Grund für seine Beliebtheit bei den braunen Damen. Sein Spruch war so weise, daß er von einem großen Häuptling hätte stammen können. Er lautete: „Wenn du nicht fähig bist, eine Weinbeere zwischen deinen Lippen zum Orgasmus zu bringen, bist Du ein Greenhorn in der Liebe.“ Hierauf führte er mir vor, was er mit seiner Zunge alles machen konnte. Er ließ sie zwischen Ober- und Unterlippe so schnell hin- und herflattern, daß ich an die Flügelschläge des Honigvogels denken mußte, der mit aufrechtem Körper flatternd in der Luft steht.

Dann bewegte mein Pueblo seine Zunge wie einen wildgewordenen Scheibenwischer über seine Oberlippe. Seine nächste Nummer ließ mich an eine züngelnde Schlange oder eine Eidechse denken. Immer wieder schoß seine Zunge weit aus dem Mund wie nach einem Insekt und verschwand dort genauso schnell.

Sollte ich mit meinen Erinnerungen an Tao aufwarten oder nicht? habe ich mich lange gefragt. Daß ich es dann doch getan habe, hat mehrere Gründe: Sie lernen eine Methode kennen, Ihre Zunge akrobatischer, und, was viel wichtiger ist, einfühlsamer zu machen. Und Sie sehen, welche Bedeutung erfahrene Menschen Techniken beimessen, mit denen sie Beglückung vermitteln.

Natürlich ist es nun Ihnen überlassen, die Demonstrationen meines Pueblo nachzuvollziehen oder weiterhin Ihre Zunge nur zum Sprechen, Kauen und Schlucken zu verwenden. Verwenden Sie dieses Organ erotisch, dann bitte eher zu zärtlich als zu energisch.

Weil wir schon beim Mund sind: Hat Ihr Gebiß wirklich Kiss-Appeal? Ich muß mir ja nun von Berufs wegen Männlein und Weiblein ganz genau anschauen. Deswegen weiß ich, in welch verheerendem Zustand sich mancher Mund befindet. Leidet ein Patient an Magen- oder Darmbeschwerden, muß ich ihn bitten, mich anzuhauchen. Nicht etwa deswegen, weil ich eine Abhandlung über Mundgerüche plane, sondern weil man aus Mundgeruch entscheidende Rückschlüsse auf Krankheiten ziehen kann. Sie ahnen aber gar nicht, wie vielen Menschen es peinlich ist, mich anzupusten. Wahrscheinlich haben sie plötzlich ein schlechtes Gewissen. Aber zu Hause schnäbeln sie munter drauflos.

Achten Sie bitte auf den Zustand Ihrer Zähne. Gehen Sie alle sechs Monate zum Zahnarzt. Sollte er Ihnen zu schöne dritte Zähne geliefert haben, solche nämlich, denen man auf zehn Metern Entfernung ansieht, daß sie ein Wunder der Technik sind, dann überlegen Sie sich bitte, ob Sie sich nicht von einem besseren Zahnarzt weniger schöne Zähne machen lassen sollten. Da fällt mir gerade ein, was mir eine in Gruppensex erfahrene Patientin einmal erzählte: „Bei unseren Treffen küssen wir uns überall hin, nur nicht auf den Mund. Ein Kuß auf die Vulva, den Penis oder den After, das ist sexuelle Stimulierung, sonst nichts. Ein Kuß auf den Mund, das ist Liebe."

Sie sehen, welche Rolle Ihr Mund spielen kann. Vielleicht machen Sie es sich zur Gewohnheit, nach dem Zähneputzen mit der Zahnbürste auch den weißlichen Belag von der Zunge zu entfernen. Oft ist er die Ursache für üblen Mundgeruch. Gastritis, ein Magengeschwür, Unmäßigkeit mit Nikotin oder Alkohol können ebenfalls einen Kuß zur Strapaze machen. Wenn Sie ein übriges tun wollen, dann ziehen Sie täglich einigemale Ihre Ober- und Ihre Unterlippe energisch zwischen Ihre Zähne. Diese Übung sorgt für vermehrte Durchblutung. Gut durchblutete Lippen strahlen Gesundheit aus, sind prall gefüllt und wollen geküßt werden. Wenn Sie nicht geküßt werden wollen, können Sie ja Ihre Lippen zu einem Strich zusammenkneifen, wie dies alte, vom Leben enttäuschte Omas und Opas tun.

Jeder Arzt, jeder Masseur, jede Fußpflegerin kann Ihnen

einige Dutzend Leute zeigen, mit denen sich ein normaler Mensch nicht ins Bett legen möchte. Lieber befriedigt er sich selber. Dann befindet er sich wenigstens in sauberer Gesellschaft oder ist allein unappetitlich. Kein Zweifel: In der Erotik ist das wichtigste Sexorgan die Haut. Da beschwert sich so manche Frau, daß ihr Partner immer so schnell direkt wird und seinen Finger oder seinen Penis in ihre Scheide bohrt. Zugegeben: ein mieses Verhalten. Hat sie sich aber auch schon einmal gefragt, was an ihr sonst noch Aufmerksamkeit verdient? Die Pickel auf dem Rücken? Die schwarzköpfigen Mitesser in ihrem Nacken? Das Schmirgelpapier ihrer Haut am Po? Einige Haarborsten um die Brustnippel? Oder Warzen in ihrer Leiste, kirschgroße Hämorrhoiden im After oder Krampfadern von der Stattlichkeit eines Gänsekragens?

Von den Füßen vieler Menschen will ich erst gar nicht reden. Ein japanisches Sprichwort sagt: „Die schwächste Stelle jedes Menschen ist sein Fuß." Unter diesem Gesichtspunkt haben sehr viele Menschen so schwache Füße, daß sie sich eigentlich nur noch sitzend fortbewegen sollten. Es gibt Fußpflegerinnen, und es gibt Mittel gegen Fußpilz und Fußschweiß.

Warum ich Ihnen das alles erzähle? Sie selbst wissen, welche Rolle in unserem Leben ein Bad, eine Sauna, Bürstenmassage, Körperöl spielen.

Gerade Menschen mit einem sitzenden Beruf haben oft eine Haut auf den Sitzbacken wie eine gerupfte Gans. Massieren Sie Ihren Körper mit einer Bürste in der Badewanne und vergessen Sie auch nicht die Massage mit einer trockenen Bürste. „Deine Haut ist so zart wie ein Kinderpopo" – wenn Ihr Partner Ihnen das sagt, haben Sie mehr davon als von 100 Rosen zum Geburtstag.

Neigen Sie zu trockener Haut, verwenden Sie nach dem Baden ein Körperöl, dann wird Ihre Haut samtweich und geschmeidig. Die Hand des Partners wird süchtig danach werden. Sollten Sie eine extrem trockene Haut haben, weiß vielleicht Ihr Dermatologe einen Rat. Fragen Sie ihn!

Sollten Sie Warzen am Körper oder im Gesicht haben, lassen Sie diese entfernen. Verwenden Sie als Frau ein Parfum, verwenden Sie als Mann Rasierwasser oder Achselspray, wenn Sie zum Schwitzen neigen. Aber erwarten Sie unter keinen Umständen, daß irgendein vernünftiger Mensch Sie so liebt, wie Sie sind, wenn Sie nicht Körperkultur betreiben.

Übertreiben Sie aber nicht mit Parfums und Sprays. Erstens sind Sprays nicht ganz ungefährlich, und zweitens sollen Sie nach Mensch und Partner riechen und nicht nach Parfümerie. Auf die Dauer sind Wasser, Seife und Bürste bessere Anregungsmittel als Chemikalien. Im übrigen, sogenannte Intimsprays können Ihre Schleimhäute reizen. Und mancher Mann tauchte schon schnaubend und spukkend von den unteren Regionen seiner Partnerin hoch, weil er statt Natur Chemie auf der Zunge hatte.

Lassen Sie sich Hämorrhoiden oder Krampfadern an den Beinen veröden. Sollten Sie übergewichtig sein, nehmen Sie vorher mit der SIS-Methode ab, sonst kommen die Beschwerden wieder. Aber erwarten Sie um Himmels willen von keinem Partner mehr, als daß er an Ihrem Körper seine tierische Sinnlichkeit stillt, wenn Sie ihm nicht eine duftende Pfirsichhaut bieten. Täglich stelle ich in der Praxis fest: Auch ältere Herren und Damen zwischen 70 und 80 Jahren können sinnliche Sauberkeit ausstrahlen und sind noch bettwürdig. Und es gibt vergammelte Männer und Frauen, vom Geburtsdatum her noch jung, deren Haut und Haar und Hände verdreckt und verspeckt sind.

Gerade Hände spielen in unserem Zusammenleben eine dominierende Rolle. Vom ersten Händedruck beim Kennenlernen bis zum letzten Samariterdienst, wenn wir einem Verstorbenen die Augen schließen – kein zweites unserer Organe bringt uns so oft in Kontakt mit anderen wie die Hände.

Es ist bekannt, daß Frauen besonders genau die Hände von Männern betrachten. „Fürchterlich, wenn ich mir vorstelle, der steckt einen seiner nikotinbraunen Finger in mich", sagte einmal eine meiner Patientinnen. „Er hat die Hände eines Totengräbers", meinte eine Frau. Ich weiß zwar nicht, wie die Hände eines Totengräbers aussehen, ich weiß nur, daß die Hände, von denen die Rede war, von ungepflegten Nägeln, einer überwuchernden Nagelhaut und einer wachsfarbenen Blässe gekennzeichnet waren.

Allerdings, meine Damen, gibt es auch manche weibliche Hand, die uns Männer nicht zum Träumen einlädt: lange Krallen, die eher an Raubvögel als an Samt und Seide denken lassen, oder abgenagte Nägel mit Blutgerinnsel.

Nicht gelten lassen kann ich die Entschuldigung: „Ich habe einen schweren Beruf. Wie soll ich da feine, gepflegte Hände haben?" Ich kenne Bauern, die täglich auf dem Feld und im Stall arbeiten und trotzdem saubere, ja sogar weiche Hände haben. Einer meiner Patienten, ein Maurer, könnte mit den Händen eines Gynäkologen oder Zahnarztes konkurrieren, was Geschmeidigkeit und Hygiene nach der Arbeit betrifft. Waschen Sie und bürsten Sie Ihre Hände in warmem Wasser, dem Sie einige Tropfen „Mycatox-Bad" zugesetzt haben, und cremen Sie sie ein. Mit einer ausgesprochenen Fettcreme. Die üblichen Handcremes sind nicht fett genug. Vergessen Sie nie: Keine Frau sehnt sich an oder in ihrem Körper nach Schwielen, Hornhaut, langen Fingernägeln oder Schmutz.

Eine Frau, die „schön“ im Bett liegt und das Kunstgebilde auf ihrem Kopf nicht zerstören will, wirkt so lächerlich, daß sich eher die Bauchmuskeln eines Mannes melden als die Schwellkörper seines Penis. Männerhände wollen durch Haare fahren.

Apropos Frisur! Eine neue Frisur hat schon manchen Ehekrüppel aufblicken lassen. Auf die Dauer ist es vielleicht besser, Sie wechseln den Friseur als den Ehemann. Lassen Sie sich von einem wirklichen Könner unter den Haarkünstlern beraten, ob Ihre Frisur auch zu Ihrer Gesichtsform, Ihrer Nase, Ihren Lippen paßt. Ein guter Stylist ist billiger als ein Scheidungsanwalt.

Immer wieder beobachten Ärzte und Masseure: Der Körper ist braungebrannt, oft fehlen sogar die weißen Streifen der Badehose oder des Büstenhalters. Man ist ja schließlich für Freikörperkultur. Aber nach Herbstbeginn scheint die Zeit für die Liebestöter gekommen zu sein. Weiße und grauweiße Schlüpfer baumeln um die Beine, Männer hüllen sich in kurze, lange oder lange kurze Unterhosen, und ich stelle mir dann vor, was sich eine Neueroberung so denken würde, wenn sie diese Unterwäsche sehen könnte.

An anderer Stelle sprachen wir davon, welch sinnliche Strahlkraft ein strammer Männerpo auch auf Frauen hat. Wie unverständlich dann, wenn Sie, meine Herren, mit Schlabberhosen imponieren wollen. Ich will ja gar nicht imponieren, erwidern Sie mir jetzt. Ich respektiere Ihre Bescheidenheit. Aber Sie wollen doch auch nicht abstoßen? Warum lassen Sie sich dann nicht Ihre Hosen enger machen? Am besten aber erst, nachdem sich Ihr Hinterteil durch eine Schlankheitskur und Gymnastik gestrafft hat.

Und wenn es auch nur zu Ihrem eigenen Spaß wäre, liebe Leserin, legen Sie lieber beim Kauf eines Schlüpfers eine Mark drauf, als daß Sie unterm Rock wie Ihre Großmutter herumlaufen. Sparen Sie auch nicht beim Erwerb Ihrer BH's. Und vor allem, treiben Sie Körperkultur, so daß Sie ohne Panzer und Miederhöschen auskommen. Sie können sich gar nicht vorstellen, wie komisch so eine Frau beim „Freimachen" wirkt, die knöpft und knöpft, zieht und zieht. Denken Sie auch daran, daß sich eines Tages auch ein Mann, vielleicht sogar Ihr eigener, mit all diesen Textilien zurechtfinden soll, womöglich noch in dunkler Nacht! Diese Panzer und Miederhöschen behindern außerdem den Blutkreislauf und sind bei Neigung zu Krampfadern Gift. Werfen Sie das Zeug weg, auch wenn Sie noch keine Krampfadern haben. Gesunde, trainierte Muskulatur trägt sich von selbst, während Ihre textilen Speckstützen die Muskeln verkümmern lassen. Sollten Sie aber nicht die Absicht haben, sich noch mal nackt einem Mann zu zeigen, dann tragen Sie meinetwegen diese Ungetüme weiter. Dann spielt ja auch ein vom Korsett mißgestalteter Po keine Rolle mehr.

Vielleicht unterwerfen Sie aber nicht nur Ihre Unterwäsche einer Zensur, vielleicht fragen Sie sich auch einmal, wie Ihre Garderobe auf andere wirkt. Gedacht ist nicht an modischen Firlefanz. Männer, die Frauen lieben, interessieren sich sowieso nur wenig für deren Kleider. Auf Männer wie auf Frauen wirkt aber ein Pfiff Sportlichkeit auch in der Kleidung. Sportlichkeit deutet Gesundheit an, weist auf

Interesse an Körperlichem hin. Ein sportlicher Mensch treibt eher einen Kult mit seinem Körper, als daß er ihn vernachlässigt. Die Engländer, meine Damen, haben ein Wort, das heißt „overdress“, und overdress bedeutet nicht etwa, zu warm angezogen zu sein. Nein, wenn Sie an einem schwülen Nachmittag Ihren Geliebten im Nerzmantel empfangen, darunter aber nackt sind, dann sind Sie bestimmt nicht overdressed. Sie sind es aber, wenn Ihr Kleid mit Knöpfchen und Rüschchen, Schleifen und Spangen besetzt ist, so daß bei einem Mann ganz unbewußt – ich betone: ganz unbewußt – das Gefühl entsteht: Wenn ich die jetzt packen und auf die Couch legen würde, was ginge da alles flöten? Ein Wickelrock, der leicht auseinanderfällt, ein Bademantel, unter dem Sie vielleicht nichts oder recht wenig anhaben, eine Bluse, deren oberste drei Knöpfe offenstehen, solche Kleidung regt die Fantasie von Männern an. Ich möchte den Mann sehen, der nicht neugierig wird, wenn seine Frau ein Bad genommen hat, wie er am Rauschen der Wasserhähne merkte, und die nun in einem Bademantel zu den Abendnachrichten vorm Fernseher erscheint. Lässig setzt sie sich hin, schlägt die Beine übereinander und starrt auf den Bildschirm. Ob sie wohl darunter ein Höschen anhat? Einen BH? Und dann kann es gut sein, daß Sie später an Ihrem Mann vorbeigehen, und seine Hand fährt wie zufällig über Ihren Po auf der Suche nach dem Saum eines Schlüpfers unter Ihrem Bademantel. Vielleicht ist aber Ihre Ehe schon so beschädigt, daß er nicht wagt, dies zu tun. Glauben Sie mir aber, es genügt schon, daß er sich Gedanken macht. Vielleicht fängt er an zu sinnieren: Sie ist schlanker geworden, sie geht in einen Gymnastikkurs . . . sie geht häufiger zum Friseur . . . Geht sie überhaupt in einen Gymnastikkurs? Oder ist dies nur ein

Vorwand? Neue Frisur, ziemlich frech. Neulich das Höschen! Und jetzt ein BH, wie er in einem christlichen Staat verboten sein sollte. Stundenlang in der Badewanne, hinterher schrupp, schrupp mit einer Massagebürste. Und erst das Parfum. Sollte da etwa . . .?

Liebe Leserin, wenn Sie von einem Mann begehrt, erregt und befriedigt werden wollen, dann bleibt Ihnen gar nichts anderes übrig, als daß Sie immer und immer wieder den Männern zu verstehen geben: Ich will geliebt, erregt und befriedigt werden. Dafür tue ich alles. – Es hat wohl noch nie eine Frau gegeben, die von sich sagen konnte: „Ich bin von Kopf bis Fuß auf Liebe eingestellt" – und die nicht bekam, was sie sich wünschte. Das gleiche gilt sinngemäß für uns Männer. Schauen Sie sich doch nur die Fotos von Heiratsschwindlern an: meist unscheinbare, mickrige Typen, aber geliebt und beschenkt von 25jährigen Schreibkräften, bis hinauf zu noch unternehmungslustigen Witwen, die schon drei bis vier Ehemänner bestattet haben. Warum so geliebt? Weil sie die Illusion zu verbreiten verstehen: Du bist für mich die Richtige. Wenn diese Ganoven, die nur schauspielern, schon so große Erfolge haben, um wieviel mehr erst Sie, der es doch ehrlich mit einer Frau meint. Oder vielleicht gar mit zweien?

Der Reiz des Neuen

Werden zwei gesunde, ausgewachsene Ratten unterschiedlichen Geschlechts in einen Käfig zusammengesperrt, dann brechen mit größter Wahrscheinlichkeit wüste Flittertage an. Nach einiger Zeit aber läßt die Paarungswut nach. So, jetzt haben die beiden genug, denkt sich der ahnungslose Laie. Gibt man aber dem Rattenweibchen ein neues Männchen und dem Ratterich eine neue Frau, steigt die Lust wieder auf das alte Niveau. Eine längere Vertrautheit scheint also das sexuelle Interesse abzukühlen, und Neuheit stärkt die sexuelle Vitalität. Nicht nur bei den Ratten! Affen, die sich gerade erst kennengelernt haben, verkehren fünfzehnmal häufiger miteinander als nach einiger Zeit der Bekanntschaft. Ermüdungserscheinungen? Mitnichten! Die Affen legen wieder die gleiche Sexualität an den Tag, wenn sie neue Geschlechtspartner bekommen.

Dies scheint auch der Weg allen menschlichen Fleisches zu sein. Nach den wundervollen Flitterwochen spielt sich die Sexualität mit dem gewohnten Partner auf einem gewissen Niveau ein und sinkt dann immer weiter ab. Alterserscheinungen? Nicht immer. Männer und Frauen, die sich zu Hause schon längst an der Grenze von Gut und Böse wähnen, laufen oft wieder zu sexueller Höchstform an, wenn sie neue Partner genießen. Wir sind eben immer noch „die alten Affen“ mit unserer unstillbaren Neugierde.

Wir können aber menschliche Neugierde nicht nur dann akzeptieren, wenn sie zu chemischen und physikalischen Entdeckungen führt; wenn sie Menschen als Astronauten in das Weltall vordringen oder auf den Boden der Tiefsee tauchen läßt. Neugierde und das Verlangen nach Neuem ist ein angeborener Charakterzug aller höheren Säugetiere und vor allem des höchsten Säugetiers, des Menschen. Neugierde ist eine Tatsache, ob sie nun Erkenntnistrieb oder Voyeurismus genannt wird.

Nach und nach haben wir auch in unserer christlichen Kultur akzeptiert, daß zwei Menschen durch Ehescheidung das Recht erlangen, einen neuen Partner zu wählen. Lange bevor Scheidungen so zahlreich wurden, boten außereheliche Beziehungen einen Ersatz für das Bedürfnis nach Neuem. Auch Prostitution bot sich schon eh und je als Ventil an. Immer mehr Paare kommen nun zu der Erkenntnis, daß es unwürdig ist, sich den Körper eines anderen Menschen zu kaufen (Prostitution), daß es aber ebenfalls unwürdig ist, den Ehepartner zu belügen und zu betrügen. Eine wachsende Zahl von Eheleuten kommen deshalb überein, sich außereheliche Verhältnisse zu gestatten. Eine Steigerung dieser Liberalität ist Partnertausch und Gruppensex, wobei der Reiz des Neuen auch noch dadurch erhöht wird, daß die Neugierde visuell befriedigt werden kann. Ja, verschiedene Patienten schwärmen direkt von der Lust, die sie empfinden, wenn sie ihren Partner sexuell aktiv mit einem anderen erleben. In nicht wenigen Fällen wird so der sexuelle Appetit zwischen zwei alten Partnern wieder angeregt.

Übrigens, das Gelingen einer Ehe hängt nicht davon ab, ob und wie treu die Partner sind. Anders ausgedrückt: Es gibt gute Ehen, in denen außereheliche Eskapaden vorkommen, und es gibt schlechte Ehen, in denen sich Mann und Frau die Treue halten.

Böse Zungen behaupten, fast jeder gesunde Mann würde fremdgehen, wenn er die Gelegenheit dazu hätte. Die Treue mancher Männer basiert eben nur auf mangelnder Gelegenheit und auf Furcht vor Entdeckung oder Versagen. In besonders traurigen Fällen liegt auch ganz einfach Desinteresse vor. Aber immerhin geben mehr als die Hälfte aller Männer außereheliche Beziehungen zu, aber nicht nur, weil ihre Ehe nichts taugt, sondern „ganz einfach so“.

Eine Katze mag noch so gut zu Hause gefüttert werden, sie verliert deswegen noch lange nicht die Lust am Mausen. Gerade nach einem Fremdgang stellen die Männer aber immer wieder fest, wie gut und bequem sie es zu Hause haben. Viele Frauen sind noch nie so geliebt worden, als wenn ihr Mann nach einer sündigen Dienstreise wieder in seinem eigenen Bett liegt. Nicht wenige Juweliere und Blumenhändler leben sicherlich von männlicher Dankbarkeit und schlechtem Gewissen. Und solange ein Mensch an seinem schlechten Gewissen leidet und etwas dagegen tut, beweist er, daß noch ein guter Kern in ihm steckt. Oder?

Statistiken haben ergeben: Frauen neigen mehr zur Treue als Männer. Nur jede vierte Frau betrügt bei uns ihren Mann. Das mag biologische, psychologische, soziologische, religiöse oder moralische Gründe haben. Während die Statistiker behaupten, fast alle Männer würden es tun, wenn sie nur könnten, sagen sie, die Ehefrauen unterscheiden sich in zwei Gruppen: 75 % tun es nur mit ihren Männern, und 25 % stürzen sich nebenbei in Abenteuer. Nun kommt aber das Interessante:

Unter 2260 Frauen waren genau so viele Ehebrecherinnen, die gut verheiratet waren, wie Ehebrecherinnen, die an ihrem Bund fürs Leben etwas auszusetzen hatten. Ob eine Frau ihren Mann betrügt, liegt also nicht in der Bewertung der Ehe, sondern in ihrer Einstellung zu Liebe und Sex. Unter den Frauen, die trotz guter Ehe fremdgingen, dominierten jene, die sich Pornofilme anschauten, die masturbierten und den Mundverkehr nicht ablehnten.

Und nun die größte Überraschung: Unter den 2260 Frauen betrog keine einzige ihren Mann, auch wenn sie noch so schlecht verheiratet war, sofern sie nicht viel von Sex hielt und zu konservativen Ideen neigte.

Eheliche Liebe schützt also auch Frauen nicht vor Untreue. Und sind unsere Frauen sexuell so interessant wie wir Männer sie uns oft wünschen, dann sind sie in puncto Treue um keinen Schuß Pulver besser als die Ehebrecher unter uns Männern.

Um nun eine Synthese zwischen „Reiz des Neuen“ und Ablehnung der Untreue zu finden, wenden sich mehr und mehr Paare dem Gruppensex zu.

In der mildesten Form haben beim Gruppensex zwei oder mehrere Paare Verkehr, ohne daß es zum Partnertausch kommt. Die Vorteile dieser Praxis scheinen in folgendem zu bestehen: der Reiz des Neuen ist gegeben, und einige der Teilnehmer werden wahrscheinlich sexuell aufgeschlossene Leute sein, von denen man etwas „abschauen“ kann. Der Nervenkitzel solcher Gruppierungen hält gewöhnlich eine Zeit an und befruchtet das eigene Eheleben. Andererseits dürfte in vielen Fällen die öffentliche Darbietung ehelicher Szenen zum Partnertausch verführen. Partnertausch und sexuelle Orgien hat es wohl zu allen Zeiten gegeben, und oft sogar mit religiösem Hintergrund, mag auch für die Nutznießer der religiöse Hintergrund sehr vordergründig gewesen sein. Ein Raum voll nackter Menschen, die stoßen und beißen und schreien, würde mich persönlich wahrhaftig eher an ein Affengehege im Zoo erinnern als an eine Orgie im alten Rom, wo zwischen zwei von insgesamt zwölf Gängen ein Senator den Gürtel seiner Nachbarin löste, um ein wenig unter ihre Tunika zu spähen, während der Patrizier auf der anderen Seite des Tisches die Frau Konsulin heranblinzelte und von oben in die Tunika griff zur Freude derer, die schon weiter waren mit ihren Sklavinnen, Lustknaben oder ganz simplen Ehefrauen.

Unabhängig von Ihrer oder meiner persönlichen Stellungnahme zu Gruppensex will ich auflisten, was dafür und was dagegen spricht.

Wahrscheinlich fehlt bei einer Orgie jede Spur von Romantik, auch wenn Kerzen statt Glühbirnen brennen. Melden sich aber so etwas wie Romantik und tiefere Gefühle zwischen zwei ausgetauschten Partnern, leidet sicherlich deren Ehe darunter. Sexualkontakt mit mehreren, womöglich fremden Menschen, erhöht die Gefahr von Geschlechtskrankheiten. Ferner können Teilnehmer erpreßt werden oder sich später als die unfreiwilligen Hauptdarsteller bei einem Pornofilm wiedersehen. Es kann zu Szenen kommen, die selbst für stärkste Nerven zu stark sind (Sadismus zum Beispiel). Und schließlich wird man aus Höflichkeit nicht immer nein sagen wollen, auch wenn man so gar keinen Gusto für das jeweilige Angebot hat. Männer können sich dann sehr leicht blamieren.

Und nun die Pluspunkte:

Menschen mit einer durch Langeweile gefährdeten Ehe

können ihre Sexbatterien wieder aufladen, ohne ihren Partner belügen zu müssen, wie dies meist bei Seitensprüngen der Fall ist. Gefühle oder gar Liebe braucht nicht aufzukommen: Man geht hin wegen Sex und nur wegen Sex. Meist kann man alles das haben, was man sich auf sexuellem Gebiet vielleicht schon lange gewünscht hat. Es besteht die Chance, daß Eifersucht abgebaut wird und besitzergreifende Liebe in eine kameradschaftliche Ehe mündet. Die Aufregung einer Orgie kann im eigenen Eheleben nachschwingen, vor allem weil der Voyeur, der in jedem von uns steckt, dort auf seine Rechnung kommt, selbst, wenn nicht nur Schönheiten an der Party teilnehmen.

Die Meinungen von Eheberatern, die sich mit dem therapeutischen Wert von Gruppensex beschäftigt haben, gehen auseinander. Es scheint aber doch so zu sein, daß sich mehr Fachleute gegen als für Gruppensex aussprechen. Auffallend ist, wie oft Anhänger von Gruppensex die Konstellation wechseln. Meist kommt es nur zu einer einzigen Gruppierung, und dann wird man in eine andere Formation weitergereicht. Liegt da nicht der Gedanke nahe, daß Gruppensex doch nicht so viel gibt, wie vielleicht Masturbationsfantasien vorgaukeln? Auf alle Fälle ist es eher Rohheit als Zärtlichkeit, wenn ein Partner den anderen zwingt, an sexuellen Praktiken gleich welcher Art teilzunehmen. Zärtlichkeit verträgt keinen Zwang.

Neue kräftige Hausmannskost

Stimulation mit Hilfe von Prostituierten, Masseusinnen, *ménage à trois* (zwei Frauen – ein Mann oder eine Frau – zwei Männer) und Vierer-Gruppen aufwärts bis zu Massenorgien im Stil von Topanga (Kalifornien), wo es an manchem Wochenende zugehen soll wie auf einem Hauptbahnhof für Reisende, die nur das Ziel Sexland haben – wir wollen solche Lösungen als Endstationen ehelicher Zuneigungen zur Kenntnis nehmen, sozusagen als letzte Notbremse vor dem Abgrund.

Solange es für Sie und Ihren Partner aber noch andere Chancen einer Wiederbelebung gibt, werden Sie klugerweise auf diese starken und nicht ungefährlichen Medikamente verzichten.

Ist nicht auch Ihr Alltag, so wie ihn Gesetz, Moral und Religion geschaffen haben, voll von Möglichkeiten, die wir erst ausschöpfen sollten, bevor wir uns auf die Intensivstation unserer Gefühle verlegen lassen?

Nun verspreche ich mir aber recht wenig von den Empfehlungen in vielen Eheberatungsbüchern, die oft nicht viel mehr sind als die Trägerraketen für pornografische Schilderungen. Da wird dann so getan, als wäre einem Paar, in dessen Ehe es kriselt, damit geholfen, daß es zu den 14 Koitusstellungen, die es gewöhnlich praktiziert, noch zwei weitere hinzulernt. Wenn Sie, lieber Leser, ein verabscheuungswürdiges Ekel sind oder Ihrer Frau völlig ungerechterweise so erscheinen, dann können Sie sich im entscheidenden Augenblick von einem schwingenden Kronleuchter herab auf sie stürzen; Sie werden ihr nicht mehr imponieren, als wenn Sie mit schlappender Pyjamahose aus dem Bad an ihr Bett treten. Angekratzte Ehen werden auch nicht dadurch gerettet, daß Sie, liebe Leserin, sich neue Nachthemden zulegen oder Striptease üben. Man merkt die Absicht und ist verstimmt. Vertrauen Sie deswegen nur sehr bedingt den Ratschlägen, mit denen jemand Geld verdienen will: Reizwäsche, Lederzeug, japanische Präservative, Spezialbetten und Liebeskissen, Wandposter und sinnenbetörrende Tapeten, Fesselgarnituren, Peitschen und Gummiwände.

Ihr Alltag ist voller unbezahlbarer und nicht zu bezahlender Möglichkeiten, wenn Sie noch guten Willens sind.

Es muß nicht immer am Montag und Freitag sein, und auch nicht nur bei den Spätnachrichten. Sie können sexuelle Abwechslung haben, ohne daß Sie beim Gruppensex zuschauen oder selbst auf einer Bühne eine Show abziehen. Einer meiner Freunde, ein ungarischer Graf, der mit 64 Jahren zum erstenmal heiratete, erzählte mir einmal, wo er schon überall Frauen beglückt hatte: das Eheweib seines Gymnasialdirektors auf dem Schreibtisch ihres Mannes gleich neben dem Lehrerzimmer während eines Lehrerkonvents; die Tochter dieses Ehepaares im Bett ihrer Eltern; eine Studentin unter dem Eiffelturm; eine Rechtsanwältin in der Kabine eines Baukrans zwanzig Meter über einem Hausdach; eine Köchin an ihrem freien Tag in der Brandung von Biarritz; auf einem Kinositz die Frau seines besten Freundes, während dieser daneben schlief; in der Bettenabteilung eines Warenhauses – was wegen großen Andrangs besonders schwierig gewesen sein soll – die Abteilungsleiterin und schließlich in allerlei Booten, Eisenbahnzügen, Flugzeugen, Lifts und Betten.

Heere von Frauen.

Mein Freund war Gentleman genug, zu gestehen, daß Frauen im allgemeinen einen gewissen Horror vor ungewöhnlichen Plätzen für gewöhnliche Spiele haben. Aber wenn man sie wie bei einem Tanz zärtlich, aber unmißverständlich führe, würden sie hinterher dankbar sein, verriet er mir.

Natürlich brauchen Sie für die Erneuerung Ihres Ehelebens keinen Baukran oder gar den Eiffelturm. Sie benötigen nur ein mäßig gutes Gedächtnis, ein Gedächtnis, das behalten konnte, was Ihnen und Ihrem Partner schon einmal Spaß gemacht hat.

Sind Sie nicht früher an einem warmen Abend nach dem Büro mit Ihrer Angebeteten vor die Stadt gefahren und dann in einen Feldweg eingebogen? Natürlich haben weder Sie gesagt, was Sie vorhaben, noch hat Ihre Partnerin es offenbar sofort gemerkt. Es gibt zwar Frauen, die schnell durchblicken und auf die Einladung: „Laß uns rausfahren!" erwidern: „Wenn du rausfahren sagst, meinst du wohl reinfahren!" Auch gut, Hauptsache, sie fährt mit. Sie jedenfalls sind vor die Stadt gefahren und haben den Wagen bei einem Wäldchen abgestellt. Nehmen Sie das Wort „Wäldchen" nicht so ernst: drei bis vier kleine Bäume tun es auch. Wichtiger ist es, daß Sie nicht im uneingezäunten Garten eines lauernden Pensionisten oder einer frustrierten Witwe gelandet sind. Unzweckmäßig sind im allgemeinen auch Truppenübungsplätze, wo jederzeit Granaten vom Himmel hageln können, und Untergrund mit Ameisen, giftigem Efeu oder stachligen Gewächsen. Ob Sie Ihre Frau wie einst auf den Armen dorthin tragen, ist mehr eine Frage der Kondition als der Erotik – und natürlich des Gewichts Ihrer Frau. Besser, Sie gehen beide zu Fuß, als daß Sie erschöpft mit zwei Zentnern Lebendgewicht am Ort der Handlung eintreffen. Sprechen Sie einige Zeit vom Charme des Abendrots und der Rückkehr zur Natur, bis Sie so nach und nach alles Hinderliche an Sträuchern, Tannenzapfen, Blusen, Strumpfhosen entfernt haben. Sie lassen nur ihren Rock am Platz: halb ausgezogen ist aufregender als nackt und auch sicherer, für den Fall, daß der Revierförster vorbeikommt.

Meine Frau und ich konnten einmal im Urlaub eine geradezu vorbildliche Verführungsszene beobachten. Es war am Mittelmeer. Ein französisches Ehepaar mit drei kleinen Kindern hatte sich in unserer Nähe niedergelassen. Die drei Kinder spielten im Sand, während Madame mit dem Sand spielte. Ihr Mann lag auf dem Rücken und las ein Buch. Immer wieder füllte sie ihre Hand mit Sand und ließ ihn langsam, langsam auf die Oberschenkel und den Unterleib ihres Mannes rieseln. Es dauerte nicht lange, und Monsieur mußte sich auf den Bauch legen. Nun reizte ihn fein rieselnder Sand von den Kniekehlen aufwärts bis zum Po. Er fing an zu protestieren. Es war ihm peinlich und auch wieder nicht. Schließlich sprang er auf und rannte zum Wasser. So schnell er auch rannte, er konnte nicht verbergen, daß seine Badehose vorne keilförmig abstand. Nach dem Bad setzte Madame ihr Spiel fort . . . Wir konnten uns gut ausmalen, was hier an einem weniger belebten Badestrand passiert wäre. Und was im Augenblick nicht möglich war, wird bestimmt abends im Bett passiert sein.

Ich erinnere mich noch gut, wie ich als Student von einem Ausflug nach Amalfi mit einem kleinen Motorboot zurückfuhr. Wir waren etwa 15 bis 20 Leute an Bord. Unterwegs kam ein Sturm auf. Es war schon stockdunkel, und ich streifte meine Schuhe ab für den Fall, daß ich an Land schwimmen mußte. Keines der meist älteren Ehepaare sprach. Im jähen Licht der Blitze starrten wir an die Felswände längs der See. Und dann erreichten wir doch glücklich unser Fischerdorf. Da ich allein war, blieb ich noch etwas am Ufer sitzen und schaute in das tobende Meer hinaus. Dann machte ich mich auf den Heimweg, der aus einigen hundert Stufen hinauf zur Ortschaft bestand. Ich war aber noch keine zwei Minuten gestiegen, als ich Stöhnen hörte und das Klatschen von Fleisch an Fleisch. Nur einige Meter von der Treppe entfernt wippte ein nackter Po, um den sich zwei nackte Beine schlossen. Die beiden waren so sehr mit sich beschäftigt, daß sie bestimmt auch weitergemacht hätten, wenn ich mich als Kameramann einer Fernsehgesellschaft vorgestellt hätte. Ich wartete dann am Ende der Treppe. Nach etwa zehn Minuten tauchte ein älteres Paar auf. Sie sprachen Amerikanisch. Er sagte irgend etwas von Sand in seinen Schuhen, und mir fiel ein, was ich einmal in Psychologie unter dem Titel: „Emotionale Erregung als seelisches Stimulans“ gelernt hatte. Anders ausgedrückt: Wenn man seelisch angespannt ist, verliebt man sich leichter. Patienten verlieben sich in die unscheinbarsten Krankenschwestern. Unter dem Streß des Lampenfiebers verlieben sich Laienschauspieler in Laienschauspielerinnen, Examenskandidatinnen in -kandidaten, Bergsteiger in Bergsteigerinnen und natürlich auch umgekehrt.

Versuchspersonen, denen ein Elektroschock bevorstand, wurden gefragt, ob sie allein oder in Gesellschaft darauf warten wollten. Doppelt so viele Versuchspersonen zogen es vor, die Prozedur in Gesellschaft zu erwarten. Und während der Wartezeit wurden die ersten Verbindungsknoten zu späteren Partnerschaften geknüpft.

Direkt abwegig, aber sehr aufschlußreich war der Versuch, den Wissenschaftler einer kanadischen Universität anstellten. Sie ließen Studenten über eine Hängebrücke gehen, die so wackelig gebaut war, daß man sich einhalten mußte, und Abstürze in die Tiefe waren leicht möglich. Auf der Mitte der Brücke begegnete dann den männlichen Kandidaten ein gut aussehendes Mädchen, die sie interviewte und ihre Visitenkarte übergab, für den Fall, „daß der Kandidat später weitere Feststellungen zu machen habe". Das gleiche wiederholte sich auf einer stabilen Brücke ohne jegliche Absturzgefahr. Wer, meinen Sie, hatte nachträglich mehr Feststellungen anzubringen, die Studenten auf der Hängebrücke oder diejenigen auf dem Stahlkoloß? Die gefährdeten Studenten riefen ihre Interviewerinnen wesentlich häufiger an und suchten energischer Kontakt mit ihnen als die anderen.

Deshalb, meine Damen, meine Herren, machen Sie im Urlaub Bergtouren von einigen Schwierigkeitsgraden. Vielleicht regt es den Hüttenabend schon deswegen an, weil tagsüber eine Frau mit kurzen Shorts immer vor Ihnen hergestiegen ist. Fliegen Sie bei Nacht. Schauen Sie auf die Lichter hinab und sagen Sie Ihrem Partner: „In jedem zweiten oder dritten Haus unter uns liegen zwei Menschen beieinander und lieben sich. Ich hätte jetzt auch so richtig Lust! Jedenfalls freue ich mich auf den Urlaub mit dir."

Und wenn Sie dafür gesorgt haben, daß Ihnen zuvor die Stewardeß eine Decke gegeben hat, dann können Sie an Ort und Stelle Ihrem Partner in zärtlichem Vorgriff beweisen, wie Sie die nächste Zukunft gestalten wollen. Nicht umsonst soll es in jedem besseren Bordell Zimmer geben, die verdächtig Flugzeugkabinen ähneln. Und ein fantasiebegabter Betriebsberater hat einer vom Pleitegeier bedrohten Fluggesellschaft geraten, Nachtflüge für Liebespaare einzurichten. Die Behörde für Flugsicherung habe dann aber die kommerzielle Ausführung dieser Idee verboten, weil beim Probeflug die Maschine ins Schlingern kam.

Wenn Sie, wie anzunehmen, auch zu den Voyeurs zählen, dann können Ihnen Spiegel, die Sie an strategisch und taktisch wichtigen Stellen Ihrer Wohnung angebracht haben, eine Art aufregenden Gruppensex ins Haus bringen, ohne dessen Gefahren für Leib und Seele und Fortbestand des Vaterlandes.

Sie dürfen nur nicht übertreiben und aus Ihrem Schlafzimmer einen Frisiersalon machen. Außerdem sollten Sie daran denken, daß Sie sich auch beim allmorgendlichen Aufstehen im Spiegel sehen müssen. Vielleicht entscheiden Sie sich dann doch nicht für ein wand- und zimmerdeckenfüllendes Exemplar, sondern mehr für einen Handspiegel, den Sie je nach Situation leicht verstellen können.

Kerzenlicht und sanfte Musik – es kann natürlich auch Wagner sein, der so manchen sehr sinnlichen Takt geschrieben hat – können Sie wieder so wie einst in genußvoller Sinnlichkeit ineinander schmelzen lassen. Gehemmte Liebhaber genießen dann obendrein die Rechtfertigung, es nicht aus Wollust, sondern aus Kulturbeflissenheit zu tun.

Vielleicht gehen Sie auch einmal zusammen in die Badewanne. Allein schon die verschiedenen Ölkrisen raten zu so einem Unternehmen. Schrubben Sie Ihren Partner, seifen Sie ihn ein und ab, bitten Sie um Revanche. Vielleicht verrenken Sie sich in der Badewanne etwas das Kreuz, aber das ist es wert. Was Sie auch mal wieder tun können: genau das, was Sie vor Jahren getan haben, als Sie noch so richtig verliebt waren. Sie saßen mit einem Partner in der Eisenbahn. Das Stampfen der Räder, die Vibrationen unter ihnen erregten Sie. Ihnen gegenüber schlief ein Mitreisender. Und Sie fingen nun an, Ihrem Partner zu zeigen, wie Sie ihn begehren. Ein Griff, ein Druck, ein Kuß, immer in Spannung, ob das *vis-a-vis* nicht plötzlich herüberäugt. Sinnenrausch und Nervenkitzel, pulsierende Erregung, die nachklang, bis Sie abends ins Bett stiegen.

Ein Patient erzählte mir, daß er aus bestimmten Gründen seine Frau nur in der Mittagspause in einem Café treffen konnte. Was blieb den beiden anderes übrig, als es unter der Tischdecke zu treiben. Und er meinte, es sei aufregender gewesen als zuvor und hinterher im Bett. Warum verführen Sie nicht einmal Ihren Partner in einem Café oder Kino, so wie Sie es in Ihrer seligen Jugendzeit getan haben?

Ein Ehepaar macht von Zeit zu Zeit einen Stadtbummel, wobei die Frau ihren Schlüpfer zu Hause läßt. Wenn die beiden dann heimkommen, braucht sie ihn gar nicht erst auszuziehen. „Oft kommen wir überhaupt nicht bis ins Schlafzimmer“, gestand mir einmal die Frau, „so wild ist dann mein Mann.“

Ja, es gibt vieles zwischen Himmel und Erde, von dem sich unsere Schulweisheit nichts träumen läßt. Es gibt aber einiges zwischen Knie und Nabel, was wir unbedingt bei unserer Zärtlichkeitsschulung erfahren sollten.

Kleine Quellen großer Freuden

Erörterungen über Zärtlichkeit würden auf das Niveau von Sexgymnastik absinken, wollte ich predigen, daß nur sexuelle Aktivität eheerhaltend ist und daß somit alles, was die sexuelle Aktivität fördert, zu empfehlen ist. Sicherlich werden Sie auch das eine oder andere aus moralischen Gründen ablehnen. Natürlich bin ich nicht dazu da, Ihnen vorzuschreiben, was für Sie gut und was schlecht zu sein hat. Wenn Sie das noch nicht wissen sollten, müssen Sie einen Philosophen oder einen Theologen fragen. Aber ich glaube doch mit Ihrer Zustimmung rechnen zu dürfen, wenn ich meine: Gut ist für uns alles, was uns besser macht. Frustrierte Frauen zum Beispiel sind oft launisch, gereizt, aber nicht reizend, sie kränkeln vor sich hin und beschäftigen sich unnütz mit ihrer Leber, ihrem Darm, ihrem Kopf, was auch nicht anziehender macht.

Frustrierte Männer sind meist ungerecht, aufbrausend, oder, schlimmer noch, depressiv, wollen nicht mehr an die Arbeit gehen und reden vielleicht sogar dummes Zeug daher von wegen alles hinschmeißen und irgendwo auf einer einsamen Berghütte, einem Hausboot oder gar einer Privatinsel ein ganz neues Leben beginnen. Ich gebe Ihnen recht, liebe Leserin, wenn Sie dann sagen: Meinen Sie wirklich, ich könnte meinen Alten mit so simplen Tricks wie einer verstohlenen Massage unter der Decke in einem Flugzeug heilen? Oder mit einer Romeo- und Julia-Szene im Wald?

Sie liegen richtig, wenn Sie in vielen Fällen das Leiden „eheliche Langeweile" nicht mit heroischer Medizin wie Gruppensex, Bauchtänzen, Pornofilmen oder Reizwäsche behandeln. Wollen Sie denn nicht einen Rückgriff auf das versuchen, was in der Medizin Homöopathie heißt, also Therapie mit schwächsten Reizen? Und die, liebe Leserin, beherrschen Sie souverän, wenn Sie, wie anzunehmen, etwas vom Kochen verstehen.

Liebe geht durch den Magen – das hat Ihnen sicher schon Ihre Großmutter erzählt. Vielleicht haben Sie aber den Fehler begangen und geglaubt, Kochkunst bestünde darin, so kochen zu lernen, wie das Ihre oder seine Mutter tat. Die sogenannte gutbürgerliche Küche macht sich nur Gedanken, wie man möglichst genußvoll Kalorien aufnimmt. Die erotische Küche macht sich Gedanken, wie man bei der Verbrennung seiner Kalorien den größtmöglichen Genuß erzielt und den größtmöglichen Genuß vermittelt. Aus meiner Praxis als medizinischer Psychologe weiß ich: Jeder zweite Erwachsene leidet an Übergewicht, und jeder dritte jammert über „Untersex". Zugegeben: Zärtlichkeit und Erotik stehen nicht ausschließlich unter der Fuchtel des Kochlöffels. Es gibt aber Speisen und Getränke, die den Appetit unseres Magens stillen und gleichzeitig den Appetit unserer lustvolleren Organe anregen.

Sehen Sie, es ist ein himmelweiter Unterschied, ob Sie Ihrem Partner nach einem anstrengend-langweiligen Tag die üblichen belegten Brote hinstellen, oder ob Sie sagen: „Du, ich habe mal etwas Exotisches gewagt. Vielleicht schmeckt es dir."

Sie müßten schon mit einem wirklichen Stoffel von

Ehemann verbunden sein, wenn er nicht wenigstens das Essen probieren und darüber diskutieren würde. Oft leiten neue Speisen und neue Getränke auf dem Tisch Gespräche ein. Und darum geht es doch, oder? „Meinst du, wir sollten nicht mal die oder jene einladen?“ fahren Sie fort. „Du magst sie doch gern. Wir könnten überhaupt öfters aus unserer Abgeschiedenheit herauskommen, meinst du nicht auch?“

Vielleicht füttern Sie ihren Partner dann mit Speis und Trank, bis er, voll des Alkohols und Ihrer Kochkunst, ein Anlehnungsbedürfnis empfindet. Und lehnt er dann an Ihnen, dann fällt Ihnen hoffentlich ein, wie das damals weiterging, irgendwo am Gardasee, in einem Fjord oder unter dem Tisch in Ihrer Küche.

Wenn Ihre Frau sich solche Mühe macht, Sie, lieber Leser, aus Ihrem Alltag herauszuführen, dann sollten Sie sogar als Gegner der Emanzipation dies nicht ausnützen und sich sagen: „Das gehört schließlich zu ihren Pflichten. Ich will ja von ihr nichts anderes als Verpflegung, Kindererziehung, gebügelte Hemden und einen gewissen Befriedigungsservice.“

Vielleicht sind Sie als kühler Rechner daran interessiert, daß Sie auch künftig zu Hause Ihre Lieblingsspeise erhalten und gebügelte Anzüge vorfinden. Dann empfehlen sich Gedanken, wie Sie diesen Zustand möglichst lange sichern. Unter Umständen halten Sie es nicht für möglich – aber könnte Ihr Freund nicht der gleiche Halunke sein wie Sie und ein Auge auf Ihre Frau geworfen haben? Oder haben Sie wirklich an Geschmacksverirrung gelitten, als Sie Ihre Frau umschwärmten? Wenn sie Ihnen zusagte, warum dann nicht auch einem anderen?

Nun gut. Gerade wenn Sie kein Gentleman sind, dann sollten Sie erst recht so tun, als wären Sie einer. Sie können im Umkreis mehrerer hundert Kilometer der Champion für Weit-, Hoch- oder Dreisprung sein. Sie können als Boxer Dutzende von Nasen zertrümmert haben und Skipisten hinab und Segelfliegerreviere hinauf gerast sein, wenn Sie nicht gelernt haben, wenigstens zärtlich zu sein, wird Sie jede vernünftige Frau bei nächster Gelegenheit aus dem Bett werfen oder betrügen.

Was wäre mit folgender kleinen zärtlichen Geste? Sie laden Ihre Frau in ein gutes Lokal ein, in ein Lokal, das Ihren Geschmack verrät. Pommes frites bietet Ihrer Frau auch der nächstbeste Herr von der Städtischen Müllabfuhr, womit nichts gegen diese äußerst wichtige Institution gesagt werden soll.

Nehmen wir also an, Sie haben mit der Wahl des Restaurants den Ihnen gemäßen Standard gefunden, dann läßt es sich nicht vermeiden, daß Sie Ihrer Frau aus dem Mantel helfen, und sei es auch nur, damit die anderen Gäste nicht merken, was für ein Ehemuffel Sie sind. Die Speisekarte kommt. Bestimmt wollen Sie nicht kleinlich erscheinen und studieren das Angebot nur nach der Preislage. Erfüllen Sie Ihrer Frau wenigstens hier ihre Wünsche. Und vielleicht tun Sie etwas, was Sie schon lange nicht mehr getan haben: Führen Sie sie anschließend zum Tanz. Und dann fragen Sie sich, warum Sie Ihre Frau eigentlich nicht auch wieder so lieb im Arm halten sollten, wie dies die anderen Pärchen tun. Natürlich werden Sie beim ersten Anlauf nicht gleich den italienischen Jüngling nachahmen wollen, der gerade an Ihnen mit einer Bardame vorbeischleicht, Wange an Wange, Nase im Ohr. Aber lassen Sie Ihre Frau spüren, daß Sie für sie noch etwas empfinden.

Und nun, lieber Leser, ein offenes Wort unter vier Augen. Sie sehen im Lokal einige Frauen, mit denen Sie lieber nach Hause gingen als mit Ihrer Angetrauten. Würden die Damen aber auch mit Ihnen nach Hause gehen wollen? Philosophieren wir nicht! Tatsache ist, daß Sie aller Wahrscheinlichkeit nach die kommende Nacht mit Ihrer Frau in Ihrem Bett verbringen werden. Und wenn Sie nicht ein hoffnungsloser Träumer oder Trottel sind, was oft das gleiche ist, dann werden Sie aus dem Rest der Nacht das Beste machen – mit Ihrer Frau. Mit wem sonst? Fangen Sie also jetzt schon damit an. Übrigens, die Paare, die neben Ihnen tanzen, befinden sich ebenfalls mitten in der Vorbereitung für die große Stunde. Wollen Sie sich da ins Abseits stellen und den überlegen Abgebrühten spielen? Wenn Sie nicht haben, was Sie lieben, dann lieben Sie, was Sie haben.

Apropos Tanzen! Wollen Sie es nicht mit einem Tanzkurs für Ehepaare versuchen? Der Grund kann vielschichtig sein: Bewegungstherapie, Entwicklung von Körpergefühl und Eleganz, neue Bekannte, Flirt, Appetit auf Komplimente oder ganz einfach Abwechslung.

Vielleicht besuchen Sie einmal gemeinsam und in beidseitiger Freiwilligkeit eine Sauna oder einen Strand, wo man nackt badet. Nackt unter Nackten zu sein, kann entkrampfen und die Aufmerksamkeit auf die Sinnlichkeit des Körpers lenken. Manchmal spüren dann selbst Sexmuffel, daß ihr Körper zu mehr geeignet ist als nur zum Transport der Arbeitshände und zur Verdauung. Im übrigen, in Topanga, wo oft Hunderte von Menschen zu Gruppensex zusammenkommen, haben dicke Männer und Frauen die gleichen Chancen wie die gegenwärtig favorisierten Schlanken. Figurprobleme brauchen also kein Hinderungsgrund zu sein, am Nacktbadestrand zu erscheinen. Sie gehen ja auch gar nicht hin, um dort einen Partner zu finden, sondern um sich zu überzeugen, daß es viele Menschen gibt, die ihren Körper und den anderer Menschen genießen können, und sei es nur, indem man ihn Luft und Sonne aussetzt oder ihn betrachtet. Sollte ein Vergleich Ihrer Figur mit der von weniger Molligen und Schlaffen Sie zu einem Fitnessprogramm verleiten – gesegnet sei dann der Tag, an dem Sie zu den Nackten gingen.

Zärtlichkeit, die man ißt

Um es gleich vorweg zu sagen: Es gibt kein zuverlässig wirkendes Aphrodisiakum, es gibt nur sicher wirkende Anti-Aphrodisiaka: störender Körpergeruch, mangelnde Hygiene, Tranquilizer und in bestimmten Fällen auch Östrogene. Auch Rauchen vermindert auf lange Sicht die Potenz. Das stärkste Aphrodisiakum ist der Reiz des Neuen. Weniger überzeugend sind Arzneimittel wie zum Beispiel Yohimbim, das zu einem starken Blutandrang in den Beckenorganen führt. Cantharin reizt die Harnröhre, dieser Juckreiz führt zur Suche nach geeigneten Objekten, um ihn dort zu bekämpfen. Eine eiweiß- und vitaminreiche Ernährung (vor allem Vitamin E, wie es konzentriert in Weizenkeimen vorkommt) bildet die Basis einer gesunden Ernährung und damit eine Voraussetzung für gesundes Funktionieren der Geschlechtsorgane, nicht mehr und nicht weniger.

Alkohol stärkt das Verlangen, verhindert aber die Tat, meint Shakespeare. Alkohol verstärkt nicht das Verlangen, Alkohol enthemmt, und darin liegt, wohl dosiert, seine Wirkung auf dem Gebiet der Zärtlichkeit. Ähnlichen Effekt sagt man Meskalin, Haschisch und LSD nach. Ein Mann, der voll des Weines allen Frauen um den Hals fällt, würde dieses gern auch nüchtern tun, nur traut er sich dann nicht.

Testosteron steigert das Verlangen bei Frauen und Männern lediglich dann, wenn ein Testosteron-Mangel vorliegt. Vor einiger Zeit berichteten medizinische Fachblätter von Skandalen in geriatrischen Abteilungen. Ältere Herren, die wegen einer Schüttellähmung mit L-Dopa behandelt wurden, versuchten Krankenschwestern ins Bett zu ziehen, und auch sehr reife Frauen zeigten plötzlich mehr als nur das übliche Interesse an jungen Ärzten. In einigen Fällen blieb es nicht bei Verführungsversuchen, und die Wissenschaft wurde somit um die Erkenntnis reicher, daß L-Dopa nicht nur stimuliert, sondern auch zur Ausführung befähigt. Allerdings nur ältere Menschen. Bei jungen, gesunden Personen konnte L-Dopa nichts ausrichten, außer daß es unliebsame Nebenwirkungen produzierte. Das könnte also auch Ihnen passieren. Deshalb: Ganz gleich, wie alt Sie sind, greifen Sie bitte nicht zu Arzneimitteln, die Ihnen nicht Ihr Arzt verordnet hat. All die aufgeführten Substanzen können gesundheitliche Schäden hervorrufen.

Und versuchen Sie auch nicht, Ihrem Partner heimlich ein Aphrodisiakum unterzujubeln: Wenn Ihre Ehe nicht in Ordnung ist, könnte der Hausfreund oder die Sekretärin den Nutzen davon haben.

Als ein völlig harmloses, überaus gesundes Anregungsmittel erweist sich immer wieder Sauerstoff, ganz einfacher Sauerstoff, wie Sie ihn auf einer Wanderung, bei einem Waldlauf oder beim Umgraben Ihres Gemüsegartens tanken. Auch ein vernünftig dosiertes Sonnenbad regt an, steigert Ihr Wohlbefinden und kann Sie auf nette Gedanken bringen. Alles, was Sie Ihren Körper wieder bewußt erleben läßt (sportliche Betätigung, Schwimmen, Massagen, Bergtouren, ungewohnte, aber befriedigende Arbeiten usw.), kann ein Hochgefühl erzeugen und daran erinnern, daß unser Körper noch zu Genußvollerem gemacht ist.

Dieser Umstand erklärt auch, warum mir, der ich mich

sehr viel mit Figurproblemen beschäftige, immer wieder Patientinnen erklären, daß während oder nach ihrer Gewichtsabnahme der sexuelle Appetit steigt: die Figur verbessert sich, man hat wieder mehr Freude an seinem Körper, man plant die Wiederaufnahme eines alten Hobbies oder einer längst eingerosteten Sportart. Bei dieser Renaissance der Gefühle kommt dann oft auch die Zärtlichkeit nicht zu kurz: Man fühlt (und ist) um Jahre jünger, und man benimmt sich dann auch so.

Vergiftete Zärtlichkeit

Von einem Zuviel an Nikotin und Alkohol war schon die Rede. Auch ein „Apothekerhund", der täglich mindestens fünf Arzneimittel braucht, um sich auf den Beinen halten zu können, wird als Liebhaber oder Liebhaberin im Revier wenig zu melden haben. (Nur nebenbei: Kränkeln ist oft nicht die Ursache für einen Mangel an Zärtlichkeit, sondern seine Folge. Und wenn Sie über längere Zeit mehr als zwei Arzneimittel brauchen, sollten Sie sich andere Arzneimittel oder einen anderen Arzt besorgen.)

Gift für Zärtlichkeit ist natürlich auch ein Zuviel an Fernsehen. Wenn zu Hause sonst nichts los ist, bleibt meist nur der Druck auf die Taste. Gelangweilt geht dann der eine früher ins Bett und schläft schon, wenn der andere nachkommt. Schlimmer noch: Ein Partner liegt im Bett und kann nicht einschlafen, weil er weiß, am Ende des Fernsehprogramms wird er ja doch wieder aufgeweckt und kann dann erst recht keinen Schlaf finden. Mit einer Mischung aus Selbstmitleid und Wut sinniert dann der liegende Partner über den Fernsehenden und kommt oft zu dem Schluß, er habe eigentlich einen anderen Umgang verdient. Ein gemeinsamer Tanzkurs, ein gemeinsamer Sportabend oder Saunabesuch, eine Einladung zu Hause oder bei Bekannten sind gute Gegengifte für die Fernsehsucht. Im übrigen, man kann auch aneinandergekuschelt fernsehen. Oder ein Partner sitzt in der Ecke der Couch, während der andre ihm den Kopf in den Schoß legt. So sind sich beide nahe, so kann einer den anderen spüren, so bietet sich Gelegenheit zu kleinen Zärtlichkeiten, so genießt man viel intensiver eine anregende Sendung, und so schimpft es sich besser über Langweiliges.

Ich kenne ein Ehepaar, das sich oft das Ende eines Films im Fernsehen am anderen Morgen von Arbeitskollegen erzählen lassen muß. Er ist ein Fernsehnarr, und sie geht gern früh ins Bett. Also schmiegt sie sich im Laufe des Abends so dezent und gekonnt an ihn, daß ihn Gefühle überkommen, die stärker sind als Bildschirm-Neugierde. Will er dann handgreiflich werden, sagt sie: „Bitte, nicht hier! Die Kinder könnten kommen!" und geht. Frisch gewaschen schaut sie dann noch schnell im Bademantel ins Wohnzimmer und wünscht ihm eine gute Nacht. Aber schon ein paar Minuten später kühlen bei diesem Paar die Röhren des Fernsehapparats ab.

Nicht nur Gift für Zärtlichkeit, ihren Tod kann auch falsch verstandene Emanzipation bedeuten: die traditionelle Emanzipation des Mannes, also seine Vorherrschaft, aber auch der Versuch der Frau, diese Vorherrschaft zu brechen und ihre Gleichberechtigung durchzusetzen. Wobei nicht verschwiegen werden soll, daß dort, wo die Frauen am hartnäckigsten für ihre Emanzipation kämpfen, nämlich in den USA, es die meisten unterdrückten Ehemänner gibt. Nervöse, zahlende Wracks. Damen scheinen also auch nicht immer ganz frei von Herrschaftsgelüsten zu sein. Sobald es in einer Verbindung heißt: „Mein Partner will, ich aber nicht . . ." ist, bildlich gesprochen, der Wurm drin. Dort, wo zwei nicht sagen können: „Ich will es, und mein Partner will es auch", werden sehr häufig Liebe und Sex als Erpressungsmittel verwendet. Dann gute Nacht, Zärtlichkeit!

Zwischen einem Paar kommt es wegen irgendeiner Kleinlichkeit zum Streit: Die letzte Telefonrechnung war zu hoch, der Heizölverbrauch stieg auch, und das Steak war zäh. Der Mann hat gemeckert, die Frau aufgetrumpft, und nun schmollt er, weil er sich diesen Ton nicht bieten lassen kann. Ohne über seinen eigenen Ton nachzudenken, ist natürlich an eine gemeinsame Bettaktion – sprich: großartige Versöhnung – nicht zu denken, bevor sich die Frau nicht entschuldigt. Und das ist genau das, woran sie wiederum nicht denkt. Das Gerangel geht einige Zeit so hin und her, bis dann doch der Hormonspiegel eine gegenseitige Annäherung diktiert. Gut, lassen wir die beiden sich versöhnen, weil natürliche Bedürfnisse es verlangen. Das aber ist nun wirklich primitiv. Ein Rüde mag noch so oft die Hündin vom Nachbargarten angebellt haben, als sie nicht läufig war: sobald ihre Zeit gekommen ist, zerschmilzt er in herzzerreißenden Gefühlen. Und plötzlich scheint auch die Hündin ihre Einstellung gegenüber dem Köter von nebenan geändert zu haben. Liebevoll und unterwürfig wackelt sie bei seinem Anblick mit dem Hinterteil und hält den Schwanz in die Höhe, damit notfalls nichts im Wege steht.

Sehr viel Zündstoff für unzärtliche Familienszenen liefert die Überzeugung, man wisse ganz genau, was und wie Zärtlichkeit zu sein habe.

Da ist eine Frau der Meinung, es sei ein feierlicher Akt, wenn sie sich ihrem Mann hingibt. Kerzen müßten dann brennen, und aus der Stereoanlage sollte ihre Lieblingsmelodie erklingen. Vielleicht hat diese Frau zu viele romantisch-verlogene Liebesromane ernstgenommen oder ist von ihren Eltern zu der Ansicht erzogen worden, daß die Funktion unserer Hormondrüsen etwas ganz Besonderes ist. Gleichviel: ihr Mann verbringt in einem Konstruktionsbüro einen langweiligen Vormittag am Reißbrett und denkt einige Male ganz intensiv an seine Frau. Anstatt mittags wie üblich in der Kantine zu essen, fährt er nach Hause für das, was die Amerikaner ganz simpel „a quicky one“ nennen, also das schon erwähnte schnelle Vergnügen. Zugegeben, bei diesem „quicky one“ erlebt meist nur der Mann einen Orgasmus, fährt dann aber ruhiger und mit der Welt versöhnt zu seinem Reißbrett im Konstruktionsbüro zurück. Die Frau ging leer aus, weil sie zu den Langsamen im Lande zählt, was beileibe kein Vorwurf ist. Aber ging sie wirklich leer aus? Wenn sie eine Prinzipienreiterin ist, dann ja. Wenn sie eine vollblütige Partnerin ist, dann nein. Sie wurde von ihrem Mann und dem Vater ihrer Kinder gebraucht. Er kam eigens ihretwegen nach Hause. Sie hat ihm Freude, Genuß bereitet. Und vor allem, sie weiß, heute abend ist sie dran, und dann eben so, wie sie es wünscht: nach einem gepflegten Essen, nach einem gemeinsamen Bad, mit Kerzen und Trompeten und Schalmeien aus der Stereoanlage.

Es gibt viele Schwachköpfe unter uns Männern, die den intensiven Wunsch ihrer Partnerin, auf die Geschlechtsteile geküßt zu werden, nicht erfüllen, weil sie dann „unten“ wären. Wo unten? Machen Sie es wie Bismarck, der ganz bestimmt nicht an Minderwertigkeitskomplexen litt und der sich sagte: Wo ich bin, ist immer oben! Was nun? Legen Sie sich mal in der Stellung 69 auf den Teppich. Wer ist hier oben, wer unten?

Ausgesprochen oder stumm herrrscht zwischen vielen Paaren ein Krieg, über den jeder Händler frohlockt. In ganz schlechten Romanen oder Filmen sagt die Katze, wenn sie aus dem Sack gelassen wird: Ich gehe mit dir erst wieder ins

Bett, wenn du mir einen Nerzmantel geschenkt hast. Ich schlafe mit dir erst wieder, wenn du Abteilungsleiter geworden bist. Ich liebe dich erst wieder, wenn du im Bett das und jenes machst. In einem Roman aus dem modernen Rußland habe ich gelesen: „Ich werde dich erst dann lieben, wenn du die Medaille als bester Traktorfahrer bekommen hast.“ Die Erpressungsversuche können aber auch viel subtiler sein. Da bemüht sich eine junge, lebenshungrige Frau um Zärtlichkeiten ihres Mannes, der abends sauer darauf reagiert, weil er sich dann angeblich morgens beim ersten Kunden schlecht konzentrieren kann. Morgens bringt er die Entschuldigung an, er sei dann den ganzen Vormittag zu schlapp. In Wirklichkeit sind dies nichts als Ausreden für Desinteresse oder Erschöpfungserscheinungen, deren sich ein Arzt annehmen sollte. Aber auch für das Bett gilt, was für die Medizin insgesamt gilt: vor die Therapie haben die Götter die Diagnose gesetzt. Anders ausgedrückt: Bin ich wirklich an Liebe, Zärtlichkeit und Sex so desinteressiert oder bin ich es nur mit diesem Partner? Und wenn es nur mit diesem Partner ist, was kann ich dagegen tun? Will ich überhaupt etwas dagegen tun? Oder habe ich aufgegeben? Einer meiner Patienten mußte erst zwei, drei Tage mit einer Migräne im Bett leiden, bevor sich ihm seine Frau in erotischer Absicht nähern durfte. Der tiefere Grund: Er wünschte sich insgeheim, ein Pascha zu sein, hatte aber nicht einmal die Potenz, um eine einzige Frau richtig zu befriedigen. Also erfand sich sein Unbewußtes eine Traumwelt: Erst wenn er drei Tage lang wieder sexuelle Kraft gesammelt hatte, ließ sein Schmerz nach, so daß er eine seiner Sklavinnen „anerkennen“ durfte. Da gibt es Männer, die eifersüchtig sind auf die Zärtlichkeiten ihrer Söhne mit ihren Müttern. Da gibt es Frauen, die mit spitzer Nase zuschauen, wenn ihr Mann mit einer seiner Töchter herumalbert. Da gibt es Partner, die sogar auf den Hund oder den Wellensittich eifersüchtig sind.

Nehmen wir uns so wichtig?

„Aug um Aug, Zahn um Zahn" – das ist ein gefährliches Bibelwort, wenn Sie es alttestamentarisch nehmen, also unter dem Motto: Rache ist süß. Nehmen Sie es lieber als Weltenbürger positiv: Wie du mir, so ich dir. Du hast mir schon so viel Freude, Genuß und ein Gefühl der Zusammengehörigkeit bereitet, daß ich eigentlich blöd sein müßte, wollte ich dir dies nicht aus dem Erleben der Gemeinsamkeit in irgendeiner Form zurückbezahlen. Ich kenne Sie nicht, aber es würde mich wundern, wenn ein wertvoller Pelz oder der Händedruck Ihrer Vorgesetzten Sie bisher mehr entzückt hätten als die Haut eines Menschen, der Sie im Arm hielt und sie zärtlich streichelte.

Ein guter Rat: Werden Sie mißtrauisch, wenn Ihr Partner Ihnen erklärt, warum es jetzt oder überhaupt oder grundsätzlich nicht klappt. Einmal sind Sie nicht richtig an- oder ausgezogen, oder es ist zu kalt oder zu warm im Zimmer, das Parfum ist nicht das richtige, Sorgen trüben den Horizont, Aktienkurse oder eine neue Notiz über krebserregende Substanzen schweben beunruhigend in der Luft . . . verdächtig, verdächtig!

Zu Erörterungen über Zärtlichkeit gehört leider auch ein Seitenblick auf wirklich kranke Fälle. Und davon wollen wir jetzt in aller Offenheit sprechen. Gemeint sind nicht Geschlechtskrankheiten (Syphilis, Gonorrhöe, weicher Schanker oder die türkische Musik, bei der einen Menschen alle drei Übel auf einmal befallen). Gemeint ist auch nicht Ausfluß mit seinen unzähligen Ursachen. Ebenfalls unberücksichtigt sollen die rein medizinischen Fälle von Prostatitis, Schmerzen beim Verkehr und andere Unbehaglichkeiten bleiben, zum Beispiel Schweißausbrüche und Schwindelanfälle im Klimakterium oder Juckreiz in der Scheide bei Diabetikerinnen. Es geht vielmehr um Fälle, wo Sie sich selber helfen können. Den vielen und leider immer zahlreicher werdenden Patienten, die mich wegen depressiver Verstimmungen aufsuchen, sage ich auf den Kopf zu, daß sie kein Interesse mehr an Sex haben. Woher ich das wisse, fragen sie mich dann.

Zwar nicht in jedem Fall, aber in den meisten Fällen einer Depression erlischt das sexuelle Verlangen nach dem Partner. Wie oft habe ich schon gehört: „Ich mag meinen Mann – bzw. meine Frau – noch genauso gern wie früher. Wenn ich aber spüre, wie die Hand meines Partners nach mir greift, bekomme ich eine Gänsehaut."

Depressive Menschen hängen an einem Partner, von dem sie Zuwendung erfahren, mit der gleichen Liebe wie zur Zeit stürmischer Liebe. Nicht ihre Liebe, nicht ihre Zuneigung ist gestorben, tot ist nur ihre Appetenz, ihr sexueller Appetit. Daran sollten Sie denken, wenn sich Ihr Partner plötzlich oder allmählich anders als früher im Bett benimmt. Da braucht nicht eine Konkurrenz für Sie dahinterzustecken. Denken Sie an die Möglichkeit einer Depression und gehen Sie mit Ihrem Partner zu einem Fachmann. Vergeht die Depression, stellt sich auch wieder die alte Sinnlichkeit ein. Vorwürfe wie: „Mit dir ist nichts mehr los!" treffen den überempfindlichen Depressiven besonders schwer und bestärken ihn in seiner Weltsicht, daß es doch am allerbesten sei, wenn er schon tot wäre. Gleichgültig, ob Sie Ihren Partner überhaupt noch oder ganz heiß lieben, nie brauchte er Ihre Zuwendung, Ihre Zärtlichkeit notwendiger als jetzt.

Bereiten Sie ihm ein schönes Bad, gehen Sie mit ihm spazieren, selbst wenn Sie dies mit sanftem Druck erreichen müssen, trinken Sie mit ihm etwas Alkohol, auch wenn auf den Beipackzetteln der Antidepressiva steht, Alkohol verstärke die Wirkung der Mittel. Massieren Sie Ihren Partner: Gerade diese Zuwendung weiß er besonders zu schätzen, vor allem, wenn sie nicht primär erotisch gefärbt ist.

Sollten Sie selber das Opfer einer Depression geworden sein oder gelegentlich werden, erklären Sie bitte Ihrem Partner, daß Sie ihn so lieb wie eh und je haben, daß Ihnen Sex jetzt aber gleichgültiger geworden ist. Mit gutem Gewissen können Sie ihn trösten, daß es keine Dauerdepression gibt, daß Sie also mit Hilfe eines Fachmannes wieder aus Ihrem Zustand herauskommen werden und dann an Lebensfreude nachholen wollen, was Sie und Ihr Partner jetzt versäumen.

Ein depressiver Mensch muß wissen: Er hat eine Sonnenbrille auf der Nase, die alles dunkler färbt, und zwar viel, viel dunkler als dies Pessimismus je tun könnte. Ein depressiver Mensch muß aber auch wissen: Eines Tages, vielleicht an einem Freitag nachmittag um halb drei, zieht ihm eine geheimnisvolle Macht diese scheußliche Brille von der Nase, und die Welt lacht wieder so heiter wie zuvor, und man sehnt sich nach einem Partner, der einen in den Armen hält und mit dem man sich für Minuten ins Paradies schaukelt.

Was ich da soeben geschrieben habe, appelliert an das Beste im Menschen. Sollten Sie einen Partner haben, der an einer Jammer-Depression leidet, Sie also laufend mit seinen gegenwärtigen, von Minute zu Minute wechselnden Beschwerden verfolgt, dann ist so eine Partnerschaft fast so nervtötend wie die Depression selber. Ein Jammerlappen von Mann oder Frau lädt sicherlich nicht zur Liebe ein. Selbst wenn Sie vielleicht aus Verzweiflung über Ihren unglücklichen Partner fremdgehen sollten, vergessen Sie bitte nicht: Noch nie brauchte er mehr Zärtlichkeit als jetzt. Und Zärtlichkeit ist nicht nur Streicheln, Massage, In-den-Arm-Nehmen. Zärtlichkeit ist auch Zuhörenkönnen und Trösten.

Signale der Zärtlichkeit

Natürlich wissen Sie, liebe Leserin, wie Sie eine Paella, eine Pizza, ein Steak zubereiten müssen, damit diese Speisen höchsten Genuß bereiten. Und natürlich wissen Sie, lieber Leser, wieviel Salz und Pfeffer Ihr morgendlicher Tomatensaft und wieviel Zucker Ihr Kaffee benötigen, damit Sie daraus den größten Genuß ziehen. Sie brauchen sich wegen dieser Kenntnisse noch lange nicht für eine „Genußnudel" zu halten. Die Suche nach Lust und das Vermeiden von Unlust ist das Existenzprinzip jeglicher Kreatur.

Als Sie und ich erzeugt wurden, da plazierte ein Mann seinen Samen in eine weibliche Scheide. Den Spermien, die so klein sind, daß 20 aneinandergereiht erst das Ausmaß eines Punktes auf einem „i" erreichen, paßte das Milieu in der Scheide nicht ganz. Es war ihnen dort zu sauer. Und sie machten genau das, was Sie machen, wenn Ihnen Ihre Umgebung sauer aufstößt: Sie gehen woanders hin. Sitzen Sie in der Sonne und es wird Ihnen zu heiß, legen Sie sich in den Schatten. Wird es aber im Schatten zu kühl, suchen Sie wieder die Sonne auf. Die Spermien Ihres Herrn Vaters waren nicht dümmer. Sie wanderten dorthin, wo sie sich wohler fühlten. Mit der Geschwindigkeit von 3 bis 4 Millimeter in der Minute wanderten sie durch die Gebärmutterhöhle in die Eileiter hinauf, weil sie sich dort wohler fühlten. Kräftig mit ihren Schwänzen rudernd, stiegen sie aufwärts, allen Gesetzen der Schwerkraft entgegen; denn Ihre Frau Mutter wird sich nach dem Schäferstündchen mit

Ihrem Herrn Vater sicherlich inzwischen wieder einmal aus der Horizontalen in die Vertikale begeben haben. Aber auf der Suche nach einem ihnen angenehmeren Milieu wanderten die Spermien weiter und weiter. Bis sie ein befruchtungsfähiges Ei antrafen. Und es war das Schnellste der Spermien – schon damals galt Schnelligkeit als Ausdruck von Kraft und Tüchtigkeit –, das auf das Ei stieß und es so lange becircte, bis es ihn in sich eindringen ließ, so wie dies Ihre Frau Mutter einige Stunden zuvor mit Ihrem Herrn Vater gemacht hatte. Nur nicht mikroskopisch, sondern recht plastisch makroskopisch, wie man sagt, wenn man auch ohne Mikroskop etwas sieht.

Und dann waren Sie plötzlich erzeugt. Vielleicht haben Sie sich Ihre Erzeugung edler vorgestellt, zum Beispiel nicht so sehr als eine Angelegenheit, die sich zwischen Harnröhre und After abspielt. Aber nehmen Sie es mir nicht übel: Sie wurden wirklich zwischen Harnröhre und After erzeugt. Man sieht es Ihnen zwar nicht mehr an, jedoch sollten Sie nie vergessen, daß in dieser Gegend die Heimat unserer schönsten Gefühle liegt, die Heimat von Gefühlen, welche Millionen von Menschen zusammenhalten trotz steuerlicher Nachteile, Sorgen mit dem Haushaltsbudget, Ärger mit den Kindern oder dem Vermieter.

Nun wissen Sie ungefähr, wie Sie entstanden sind. Aber mit diesem Wissen ist einem Menschen wenig gedient, der sich zum Ziel gesetzt hat, mehr Freude am Spaß der Liebe zu haben. Beschränken wir uns also nicht auf die Staatserhaltung, sondern auf das Vergnügen. Wir tun dies mit der Überzeugung, daß vergnügte Bürger auch gute, staatserhaltende Bürger sind. Revolutionäre sind, wie die Statistik nachweist, schlecht angepaßte, aufsässige, meist unerotische Genossen.

Für den Fall, daß ein Leser sich bei dem Wort „Genosse" politisch angesprochen fühlte, bringe ich ein katastrophales Beispiel von einem Mann, der so reich war, daß er bestimmt nicht nach links tendierte. Aber in puncto Zärtlichkeit lag er sicherlich im Abseits. Besagter Held war ein äußerst erfolgsgewohnter Unternehmer. Er besaß nicht nur einige Fabriken, er besaß auch eine Frau, die mehreren Männern in der Nachbarschaft so gut gefiel, daß sie ihretwegen die Hölle mit einem Eimer Wasser zu löschen bereit gewesen wären. Das Paar besaß ferner einen Hund, der alle entzückte, die ein Herz für tänzerische, elegante Bewegung hatten. Kam dieser Unternehmer nach Hause, beschäftigte er sich nicht mit seiner Frau, auch nicht mit seinen kleinen Kindern, sondern nur mit dem Hund. Der Hund veranstaltete Freudentänze, und der Unternehmer fühlte sich endlich vollauf beschäftigt. Er streichelte den Hund mit einer Zärtlichkeit, auf die eigentlich seine Frau Anspruch gehabt hätte. Er fühlte sich aber zu sehr Mann, um so viel Zärtlichkeit einer Frau geben zu können. Da er jedoch im Grunde seiner Seele ein Bedürfnis nach Zärtlichkeit hatte, lebten sich seine Finger an dem Hund aus. Als ich dieses Schauspiel immer wieder sah und auch nicht übersehen konnte, wie steif dieser Mann beim Tanzen zum Beispiel seine Frau im Arm hielt, kam mir der Gedanke, sexgeschädigten Menschen wie diesem Unternehmer folgendes zu verordnen: Spielen Sie mit Hunden, Katzen, Hamstern, Wellensittichen oder anderen Haustieren, die sich gerne streicheln lassen, kraulen Sie einen Hund, bis er alle viere von sich streckt, streichen Sie mit einem Finger ganz sacht über das Gefieder eines Wellensittichs oder Papageis, dann wissen Ihre Hände ganz genau, wie Ihr Partner gestreichelt werden will.

Männer wie Frauen, die wenig sinnliche Erfahrung haben, verwechseln Zärtlichkeit der Hände manchmal mit Kitzeln. Kichern dann los und bekommen eine Gänsehaut. Greifen Sie in solchen Fällen zunächst fester zu, vor allem fragen Sie, wo Ihre Hände nicht kitzeln. Und bald schon werden Sie feststellen, daß Ihr Partner „ausgekitzelt" ist. Er wird Zärtlichkeiten nicht mehr als unangenehm oder gar als unmännlich betrachten, sondern als erregend.

In Fällen von starken Muskelverspannungen eines Patienten bitten wir häufig beide Ehepartner in die Praxis und lassen den einen zuschauen, wie der andere massiert wird. Die Absicht ist klar: einem Menschen, der zur Verkrampfung neigt, ist nicht damit gedient, daß ihm ein Arzt von Zeit zu Zeit ein Dutzend Massagen verordnet. Wir sind eher der Meinung: Massiert werden, und zwar von einem nahestehenden Menschen, sollte zur Familientradition werden, sozusagen als ständig erhobener Zeigefinger für Entspannung.

Bei diesen Massagen bitten wir dann den Partner, es doch auch einmal zu versuchen. Und dabei erleben wir immer wieder, wie ungeschickt viele Menschen einen anderen Körper anfassen, selbst den eines Menschen, mit dem einen jahrelange Intimitäten verbinden. Mit spitzen, ungelenken Fingern, mit monoton reibenden Händen, mit Robotergriffen. Gerade Menschen mit fehlender Sinnlichkeit in den Händen sei empfohlen, ihren eigenen Körper einmal zu streicheln, vielleicht in der Badewanne oder nach dem Bad. Kaufen Sie sich einige Rollen Plastilin und modellieren Sie ihn. Welche Figuren dabei herauskommen, ist gleichgültig. Hauptsache, Sie formen etwas mit Ihren Händen, und Sie genießen es. Ein zärtlicher Mensch ist nicht allein deswegen zu einem anderen zärtlich, weil er damit Freude bereiten will, sondern weil es ihm selber Spaß macht. Und alles, was Ihnen Spaß macht, werden Sie gut und immer besser tun. Erleben Sie Ihre Sensibilität, indem Sie Material mit einer den Tastsinn entsprechenden Oberfläche, sozusagen sinnliches Material, streicheln: Leder, vor allem Wildleder, Textilien, Pelz, bearbeitetes Holz. Stellen Sie sich dabei vor, Sie be-hand-eln menschliche Haut, Haar, eine Brust, einen glatten Rücken, einen knackigen oder molligen Po: Es wird nicht lange dauern, bis selbst der größte Sexmuffel vom toten Objekt zur lebenden Natur übergehen will.

Wer es von Haus aus nicht hat, sollte seinen Fingern so viel Zärtlichkeit beibringen, daß sie nicht nur die Haut des Partners massieren können, sondern auch sein Körperhaar, also bei einer Frau die fast unsichtbaren Härchen, wo immer sie auch sind.

Sollte Ihr Partner wirklich mehr für den brutalen Stil sein, also für kräftige Griffe in die Muskelpakete – auch recht. Aber entscheiden Sie sich bitte nicht einseitig für das eine, bevor Sie das andere nicht erprobt haben. Sie wissen, welche Bedeutung dem Reiz des Neuen auf dem Gebiet der Zärtlichkeit zukommt.

Im übrigen, Sie können auch und gerade im höheren Alter noch Händchen halten. Wenn Sie dies schon lange nicht mehr getan haben, vielleicht führen Sie so bei nächster Gelegenheit Ihren Partner über die Straße. Sie kennen doch die Situation: Die Verkehrsampel zeigt schon einige Sekunden lang grün, bevor Sie auf die Fahrbahn treten. Nun ist es eilig. Nehmen Sie die Hand Ihres Partners und ziehen Sie ihn mit sanfter Gewalt über die Straße. Sie brauchen dann, wieder in Sicherheit, seine Hand nicht los zu lassen, als seien plötzlich 1000 Volt in ihn gefahren.

Was die einen mit den Händen tun, machen die anderen mit dem Mund. Langsam liebkosen dabei Lippen oder Zunge den Körper des Partners. In der ausgeprägtesten Form könnte man sogar von einem „Zungenbad" sprechen. Neben dieser Maxiform, die keinen Quadratzentimeter Haut ausläßt, gibt es auch die Minilösung, die sich auf bestimmte Zonen beschränkt.

Apropos Mund. Ich berichtete Ihnen bereits von den Spielregeln der Gruppensexler, bei deren Happenings so ungefähr alles erlaubt ist, nur nicht Küsse auf den Mund. „Ein Kuß auf den Mund ist intimer als ein Koitus", so formulierte es eine junge Lehrerin. Sicherlich ist dabei nicht das spitze Küßchen gemeint, mit dem man die Erbtante beglückt, sondern jene Vereinigung zweier Münder, die mehr als nur sexuelles Verlangen ausdrückt. Kein halbwegs normaler Mann käme zum Beispiel auf den Gedanken, eine Prostituierte auf den Mund zu küssen. Vielleicht überlegen Sie sich aber einmal, wann Sie Ihren Partner oder Ihre Partnerin zum letztenmal leidenschaftlich geküßt haben. Erinnern Sie sich noch an die verliebten Küsse nach einer langen Abwesenheit? Oder an die Küsse vor einem Abschied? War es nicht so, als wären Sie am Verdursten? Fühlten Sie sich nicht wie ein hilfloses Baby, das zugrunde geht, wenn es nicht Kraft aus einem geliebten Munde saugt? Wann haben Sie zum letztenmal Ihren Partner so geküßt? Ja, wann?

Ob Ihnen beiden kannibalische Küsse, die blaue Flecken hinterlassen, oder zärtliche Massage mit den Lippen, die den Körper des Partners so sacht berühren wie der Flügelschlag eines Schmetterlings, mehr liegen, ist gleichgültig. Franzosen besitzen sogar einen Fachausdruck – *maraichignage* – für länger dauernde Kußorgien, die auch ohne Stimulation der Geschlechtsteile zum Orgasmus führen können.

Sie mögen zu solchen Beschäftigungen stehen, wie Sie wollen, jedenfalls ersehen Sie hieraus, welche Macht in Ihrem Mund liegt. Eine Macht, die von netten Worten bis zu intimsten Küssen geht. Denken Sie daran: Als Kind erlebten Sie eine Periode, da Sie alles, was Ihnen unter die Finger kam, in den Mund stecken wollten. So entdeckten Sie die Welt. Wollen Sie Ihre jetzige Welt nicht nochmal neu entdecken? Zusammen mit Ihrem Partner und vier Lippen und zwei Zungen?

Ich kann es zwar nicht naturwissenschaftlich beweisen, aber ich glaube genügend Fälle entdeckt zu haben, um folgende Vermutung auszusprechen: Menschen, die sehr wählerisch beim Essen sind, sind meist auch schlechte Liebhaber oder -innen. Unter wählerisch meine ich nicht die Freunde einer guten Küche, sondern jene Individuen, für die schwer zu kochen ist. Da sagt dann so ein kulinarischer Primitivling: „Ich mag alles, nur keine Zwiebel, keinen Knoblauch, keinen Käse, keinen Fisch, Muscheln erst recht nicht . . ." Kein Wunder, daß in Ländern, wo starke Küchengerüche geschätzt werden, auch die „mündliche Liebe" in besonders hohen Ehren steht.

Was aber tun, lieber Leser, wenn Ihre Partnerin klar oder durch die Blume den Wunsch äußert, sie erwarte von Ihnen Küsse in ihrem Intimbereich, und Ihnen aus geschmacklichen Gründen so ganz und gar nicht danach zumute ist? Ein sogenanntes Intimspray läßt nur für kurze Zeit den wilden Geruch der Natur vergessen und ist fern von einer idealen Lösung.

Sprechen Sie sich auf alle Fälle mit Ihrem Partner aus.

Wenn Sie merken, daß er schon kurze Zeit nach einem Bad einen Körpergeruch annimmt, der Ihnen mißfällt, dann lieben Sie sich meinetwegen in der Badewanne oder kurz nach der Großreinigung. Vielleicht suchen Sie mit Ihrem Partner auch ein Parfum aus, das Ihnen liegt und ihn anregt. Denken Sie auch daran, welche unausstehlichen Odeurs Parodontose, Gastritis oder auch bloß Rauchen produzieren können. Sie mögen sich noch so viel auf Ihre Liebe, Treue und Ihren Familiensinn einbilden: Wenn Sie sich nach zwanzig Zigaretten einem Nichtraucher nähern, dann stinken Sie ganz einfach. Ihr Haar stinkt, Ihre Haut stinkt, Ihre Kleider stinken, und vor allem Ihr Atem stinkt. Das ist wahrlich nicht zärtlich. Ähnliches gilt für Knoblauch, Zwiebel, Bier, Wein, Schnaps, wenn der Partner nicht sich zuvor selbst „infiziert" hat.

Wenn Sie etwas einseitig sein sollten, was Gerüche betrifft, dann empfehle ich Ihnen ein kleines Abenteuer: Vergessen Sie die Küche Ihrer Mutter und vielleicht auch die Ihrer Ehehälfte. Besuchen Sie von Zeit zu Zeit exotische Restaurants. Essen Sie mal Chinesisch süß-sauer, mal Schweizerisch mit Raclette und Käsefondue, versuchen Sie Schnekken oder ein Beefsteak tatare. Ich entsinne mich noch gut, wie ich zum erstenmal Schnecken aß. Es war in Frankreich, wo ich mit Kollegen um einen Tisch saß. Jeder hatte sich als Vorspeise sechs Escargots à la Bourguignonne bestellt. Als dann die Tierchen kamen, zelebrierten meine Kollegen ihr Hors d'œuvre mit der Andacht von Verzückten. Ich dachte mir: Wenn Schnecken ein Volk von Feinschmeckern, wie die Franzosen es sind, zu solcher Andächtigkeit hinreißen können, dann müssen sie eigentlich für einen Menschen aus einer weniger raffinierten Gegend auch ganz gut sein. Und ich bestellte mir sechs Schnecken. Ich kaute die erste mit deutscher Philosophie. Die zweite bearbeitete ich bereits wertfrei. Die dritte fing an zu schmecken. Die vierte schmeckte wirklich. Die fünfte entzückte mich, und die sechste ließ mich ein weiteres halbes Dutzend Schnecken bestellen.

Sicherlich können Sie Ihre Gäste beeindrucken, wenn Sie außer Salz und Pfeffer auch noch andere Gewürze in Ihrer Küche verwenden. Aber nicht Ihrer Gäste wegen sollten Sie sich an exotischere Gewürze, an die von Pilzen, Armbeugen, Haaren, Oberschenkeln, Semmelknödeln, Wodkasaucen und Knoblauchsuppe gewöhnen. Wenn Sie in diesem Punkt durch Erziehung – es ist Erziehung und nicht Veranlagung – mit wenig Abwechslung zufrieden sind, dann legen Sie sich zwei Dutzend Gewürze zu und schnuppern Sie von Zeit zu Zeit daran, wenn Sie hungrig sind. Ja, wenn Sie hungrig sind. Weil Hunger die Fantasie beflügelt. Stellen Sie sich dann vor, Ihr Lieblingsgericht, zum Beispiel Gulasch, duftet einmal provençalisch oder der Reis indisch oder ein Braten nach saurem Rahm. Bestimmt werden Sie dabei Ihren Geschmack bereichern. Wir tun überhaupt gut daran, zu erkennen, daß auch unsere vermeintlich tiefsten Überzeugungen oft Wandlungen erfahren. Anders ausgedrückt: Sollten Sie eine Abneigung gegen den einen oder anderen erotischen Brauch haben – zum Beispiel Zungenkuß oder Mund-Geschlecht-Kontakt usw. –, verdammen Sie nicht sofort das, was Sie noch nicht gekostet haben. Schon gar nicht paßt zu einem zärtlichen Menschen die Ansicht, nach Neuem zu suchen sei nichts für ihn. Nur Depressiven und Verkalkten würde ich in diesem Punkt mildernde Umstände zubilligen.

Wissen Sie, was ein Image-Berater ist? Jemand, der einem gegen Bezahlung sagt, wie man auf andere wirkt. Berühmte Schauspieler, Politiker und Industrielle leisten sich so einen Image-Berater, der dann einen anderen Haarschnitt, eine neue Brille, einen leutseligen Redestil oder sonst etwas empfiehlt, das den Leuten gefällt. Im übrigen, Sie selber können Ihr bester Image-Berater werden.

Ein angenehmes Gesicht sei die beste Visitenkarte, das sagte einmal Schopenhauer. Haben wir aber immer so ein angenehmes Gesicht? Viel mehr Menschen würden sich eines zulegen, wüßten sie, daß es ihnen fehlt. Unser Gesicht, aber natürlich auch unsere Gesten oder unsere Körperhaltung senden mehr Signale aus als wir ahnen. „Sprich, damit ich dich sehe", meinte ein griechischer Philosoph und betonte damit, daß wir uns mit dem, was und wie wir es sagen, verraten. Talleyrand allerdings hielt dieser Ansicht den Ausspruch entgegen: „Wir haben die Sprache, um unsere Gedanken zu verbergen." Auch ohne den Rat von Napoleons Außenminister hat sich schon mancher in Herzen und Betten eingelogen, es wird ihm aber schwerer gefallen sein, wenn seine Gesichts- und Körpersprache etwas anderes besagte als seine Worte.

Studieren Sie einmal zwei Veliebte, und Sie lernen im Handumdrehen das ganze Repertoire, wie man Zärtlichkeit ausstrahlt. So nehmen zwei Menschen, die sich innerlich verbunden wissen, gern, aber unbewußt beim Sitzen, ja selbst beim Stehen die gleiche Körperhaltung ein. Sitzen zwei, die miteinander harmonisieren, Seite an Seite, schlagen sie die Beine so übereinander, daß das übergeschlagene Bein auf den Partner zu gerichtet ist. Sie werden sich in die Augen schauen, ob sie sich nun kurze Blicke zuwerfen oder ob Pupille in Pupille schwimmt. Jedenfalls werden ihre

PARTNERLOOK

Menschen, die Seelenkontakt verbindet, nehmen sehr oft ganz unbewußt die gleiche oder eine ähnliche Körperhaltung ein. Kreuzen sie beim Sitzen die Beine, dann wenden sich ihre Füße einander zu. Auch Hände und Kopfhaltung können sich gleichschalten wie Stimmlage und Tonstärke beim Gespräch.

Nehmen Sie die gleiche Haltung wie Ihr Gegenüber ein, geben Sie ihm zu verstehen: Ich harmoniere mit dir. Sprechen zwei Körper eine verschiedene Sprache, kann kaum eine zwischenmenschliche Harmonie entstehen.

Augen weit geöffnet sein. Vielleicht rücken sich die beiden, wenn es überhaupt noch möglich ist, im Gespräch immer näher. Sie berühren sich. Ihre Augen wandern über den Körper des Partners. Ihr Gesicht strahlt Glück aus. Sie lächeln, so oft es das Thema erlaubt, sie nicken sich zu. Immer wieder fährt die Zunge über die Lippen, um ihnen Feuchtigkeit und Glanz zu verleihen. Vielleicht spitzt sich der Mund gelegentlich sogar zu einem Kuß. Und das alles ganz unbewußt.

Sollten Sie in einer Gruppe von Laienschauspielern einen Liebhaber oder eine Liebhaberin spielen müssen, ein guter Regisseur würde Ihnen Tips geben, wie Sie überzeugend verliebt oder zumindest an Ihrem Partner interessiert wirken. Und diese Tips wären wahrscheinlich die gleichen, die ich soeben skizziert habe.

Müßten Sie aber nun jemanden spielen, der sein Gegenüber nicht mag, was würde Ihnen ein Regisseur dann empfehlen? Bestimmt folgendes: „Rück von dieser Type ab! Kreuze die Arme vor der Brust, um eine Barriere zwischen euch aufzurichten. Du kannst dir natürlich auch die Fingernägel reinigen oder deine Kleidung nach Fusseln absuchen während du sprichst. Wenn du den Partner anschaust, ziehe deine Augenbrauen zusammen! Mustere ihn kalt! Besser noch: Mustere ihn aus Sehschlitzen heraus! Lächle spöttisch oder auch mal höhnisch. Runzle die Stirn, wenn er etwas sagt! Schau gelangweilt zum Himmel und gib deinem *vis-à-vis* zu verstehen: Wie lange muß ich mir dies noch anhören? Du kannst natürlich auch mit dem Zeigefinger an die Schläfe tippen oder dir mit dem Nagel des kleinen Fingers eine Fleischfaser aus den Zähnen holen. Sieh dich häufig im Zimmer um, so als wolltest Du feststellen, ob noch alle Möbel da sind. Vielleicht trommelst du mit einer freien

Hand den Radetzkymarsch und schaukelst mit einem Bein die Barcarole aus Hoffmanns Erzählungen. Oder steck dir immer wieder eine Zigarette an, blase den Rauch in die Luft und träume ihm gedankentief nach!"

Gut ist auch, eine Zeitung zu lesen, während der andere etwas erzählt. Willst du aber deine Interesselosigkeit nicht so stark betonen, dann lege dir Lesestoff so hin, daß du mit leicht verdrehtem Kopf gelegentlich darauf schauen kannst.

Und nun denken Sie bitte an Ihren Partner! Senden Sie ihm überwiegend warme, lauwarme oder kalte Signale?

Natürlich ist schon längst die Zeit vorbei, da Sie Hitze ausstrahlten, nämlich damals, als Sie ihn schon unter der Wohnungstür auffressen wollten und nicht genug davon hören konnten, wie es ihm in den vier Stunden ohne Sie ergangen ist. Und ob er auch so oft an Sie gedacht hat wie Sie an ihn. Wie gesagt, diese Zeiten sind vorbei. Zum Glück – wer könnte so etwas schon lange aushalten?

Müssen aber auch für immer die Zeiten vorbei sein, da Sie am Fenster standen und Ihre Frau erwarteten, weil sie etwas länger als üblich mit dem Auto weg war? Sie brauchen ja nicht gleich zur Begrüßung zu sagen, daß Sie sich Sorgen wegen des Wagens gemacht haben. Sie gehen ihr entgegen, Sie sprechen lächelnd einen kleinen Verdacht aus, etwa dahin gehend, daß Sie fragen, ob sie bei einem anderen war . . . Sie schauen sie mit großen Augen an, Sie schnuppern spielerisch an ihr auf der Suche nach dem After-shave-Duft eines Rivalen. Es gibt hundert Möglichkeiten, einer Frau zu zeigen, daß man sich über ihre Ankunft freut.

Ich bin doch kein Gigolo, denken Sie sich jetzt vielleicht. Und selbst wenn ich so eine süßholzraspelnde Platte auflegen wollte, meine Frau würde der Schlag treffen, würde ich plötzlich den Kavalier alter Schule spielen.

Sollen Sie auch gar nicht! Und schon gar nicht plötzlich. Wenn Sie noch eine Zeitlang der alte Stoffel bleiben müssen, weil Ihnen diese Rolle zur zweiten Natur geworden ist, dann bleiben Sie es! Setzen Sie aber immer wieder einen neuen Akzent der Höflichkeit, sprich: der Zärtlichkeit. Stellen Sie zum Beispiel Fragen, und vor allem hören Sie dann auf die Antwort! Solche Fragen könnten sein: Setzt dir auch das Wetter so zu? Viel Verkehr unterwegs? Schauen wir uns heute abend den Film X im dritten Programm an? Was ich dich schon lange fragen wollte: Was machen die Schmerzen in Deinem rechten Bein? Ist dein Chef immer noch so ekelhaft?

Und dann schauen Sie interessiert Ihre Frau an, während sie Ihnen erzählt. Heben Sie ruhig auch einmal die Augenbrauen voller Überraschung oder Anerkennung.

Und Sie, liebe Leserin, empfangen den Partner Ihrer reparaturbedürftigen Gemeinsamkeit vielleicht auch einmal anders als gewohnt. Selbst wenn Sie noch so recht haben sollten, Sie werden ihn nur noch in seinem schlechten Verhalten bestätigen, wenn Sie ihm die Tür mit einem Gesichtsausdruck öffnen, in dem ein Halbblinder lesen könnte: „So, du bist's. Wieder einige Biere auf dem Nachhauseweg, ja? Und in der Firma warst du der alte Versager, der nie befördert wird. Heute abend im Bett, bilde dir ja nichts ein. Und überhaupt . . . Ich hätte doch einen ganz anderen Mann verdient."

Achten Sie vor allem auf Ihren Mund und Ihre Stirn! Nicht nur, um keine Falten zu bekommen, sondern auch, ob Sie nicht ablehnende Signale versenden, die ihm nichts anderes verraten, als: Sie liebt mich nicht. Sie verachtet mich sogar!

POSITIVE SIGNALE

Ein dem Partner sympathisch zugewandtes Gesicht ist gekennzeichnet von: offenen Augen, großen Pupillen, weichen, nach vorne gestülpten Lippen, einem entspannten, lächelnden Mund, Blickkontakt.

Unwillkürlich tasten die Augen den Körper des Partners mit wohlwollender Neugier ab. Manchmal befeuchtet dabei die Zungenspitze genießerisch die Lippen.

Im übrigen, man kann zwar auf Charme machen, verrät sich aber sehr schnell, wenn Widersprüche im Ausdruck auftreten. So etwa, wenn nur die Lippen, nicht aber die Augen lächeln. Wollen Sie jemanden für sich gewinnen, dann denken Sie, während Sie diesen Jemand anschauen, immer wieder: Ich finde dich sympathisch, so liebenswert wie du bist.

NEGATIVE SIGNALE

Viele wissen nicht, daß ihr Gesicht Skepsis, Ablehnung, Egozentrik ausdrückt und fragen sich dann, warum sie bei ihren Mitmenschen nicht so gut ankommen wie sie ankommen möchten. Mit Sicherheit strahlen sie negative Botschaften aus: Falten zwischen den Augenbrauen; ein lauernder oder abgewandter Blick, ein schmaler, zusammengekniffener Mund mit pessimistisch nach unten gezogenen Mundwinkeln. Denken sie sich dabei auch noch: Du bedeutest mir überhaupt nichts, wirken sie am überzeugendsten.

In nicht wenigen Fällen habe ich eine Art Image-Berater gespielt für Frauen, die gerne heiraten wollten, aber behaupteten, sie würden keinen Partner finden. Wenn ich sie dann auf gewisse „kalte Gesten“ aufmerksam gemacht hatte, waren sie über sich selbst erschüttert, weil sie keine Ahnung davon hatten, welche negativen Signale sie unbewußt aussandten. Es gehört dann immer wieder zu den schönen Minuten in meinem Beruf, wenn man plötzlich eine Verlobungs- oder Hochzeitsanzeige erhält.

Zur Image-Beratung gehört auch eine Analyse der Stimme und des Sprechstils. Ein Mensch, der es fertig bringt, seine Umwelt mit zwei Vokabeln zu charakterisieren, nämlich mit „Scheiße“ beziehungsweise „Spitze“, darf nicht hoffen, für einen etwas nuancierteren Partner mehr zu sein als ein vorübergehender Bettschatz. Und wer mit einer aggressiven Stimme keift oder mit Monotonie nuschelt und leidend klagt, darf nicht erwarten, daß man ihn besonders sexy findet, von zärtlich erst gar nicht zu reden.

Die menschliche Stimme kann einen gewaltigen Einfluß auf unser Gemüt ausüben. Ich erinnere mich, wie wir während des Zweiten Weltkrieges in Schlammlöchern bei Anzio Nettuno lagen und der Stimme einer amerikanischen Ansagerin aus dem Funkgerät lauschten. Selbst die Kameraden, die noch weniger Englisch verstanden als ich, also gar nichts, starrten in den Apparat und fraßen sozusagen mit Blicken diese unsichtbare Frau auf, die vielleicht eine Vogelscheuche war, aber mit einer unbeschreiblich zärtlichen Stimme irgend etwas sagte, den Wetterbericht oder Grüße aus Wyoming oder eine Steigerung der Bombenproduktion in den USA.

Ich erinnere mich noch gut, wie ich dann Jahre später im dritten Rang eines Provinztheaters Rigoletto erlebte und bei der berühmten Arie „Ach, wie so trügerisch ..." nicht übersehen konnte, daß nicht wenige der im Parterre sitzenden Frauen mit dem übergeschlagenen Bein im Rhythmus schaukelten. Heute weiß ich, daß sie sexuell erregt waren. Es soll Frauen geben, die von einer Stimme bis zum Orgasmus gebracht werden. Ich persönlich weiß nur, daß Mädchen bei manchem Song von Elvis Presley ihre Höschen auszogen und sie ihm sozusagen symbolisch auf die Bühne warfen. Und in den Memoiren der Marlene Dietrich habe ich gelesen, welch betörende Wirkung die Stimme ihres Kollegen Orson Welles auf sie ausübte.

Täglich haben Sie Gelegenheit, zu studieren, was andere aus ihrer Stimme machen. Hören Sie ganz bewußt hin, wie zum Beispiel eine Schauspielerin in einem Fernsehfilm spricht: eine Liebeserklärung oder eine Bitte, einen leichten Tadel oder eine Drohung. Besitzen Sie ein Tonbandgerät, können Sie Ihre eigene Stimme hören und studieren. Und glauben Sie mir, sie klingt so, wie der Apparat sie wiedergibt und nicht so, wie Sie sich selbst bisher gehört haben.

Das Ziel solcher kleinen Übungen soll nicht sein, künftig dialektfrei wie eine Schauspielerin zu sprechen oder sich gar eine „frisierte Schnauze" zuzulegen. Nein, sprechen Sie weiterhin, wie Ihnen der Schnabel gewachsen ist, aber achten Sie darauf, ob Ihre Stimme nicht Kälte, Aggressionen, Ablehnung oder Langeweile aussendet. Wissen Sie, was in dem werbungsbesessenen Nordamerika Telefonistinnen tun müssen, um den Anforderungen ihres Jobs zu genügen? Aus jedem Satz hat folgendes herauszuklingen: Ich mag dich, du bist mir sympathisch. Die Chefs rufen ihre Firmen gelegentlich nur deswegen an, um sich selber davon zu überzeugen, daß ihre Telefonistinnen mit einer zärtlich-gewinnenden Stimme sprechen.

Wenn es einer Heerschar von US-Telefonistinnen gelingt, wildfremden Menschen gegenüber Zärtlichkeit zum Ausdruck zu bringen, um wieviel leichter werden Sie es dann fertigbringen, Ihrem Partner, den Sie lieben oder den Sie zur Liebe verführen wollen, mit jeder Silbe zu verstehen zu geben: Ich mag dich, du bist mir sympathisch.

Bioenergetik zur Lusterhöhung

Daß es neben Wollust auch noch andere Lüste gibt, daran seien etwaige Griesgrame unter meinen Lesern erinnert, denen schon das Wort „Lust“ so suspekt ist wie einem Finanzbeamten, der die Lust besteuert, etwa mit der Lustbarkeits- oder Vergnügungssteuer. Ja, es gibt neben der Wollust noch andere Lüste, die Lebenslust zum Beispiel.

Wenn Menschen Schwierigkeiten haben, einen anderen Körper, sagen wir den des Partners, mit sinnerregender Zärtlichkeit zu behandeln, dann verstehen sie meist auch nicht, ihren eigenen Körper zu genießen. Nur ein gesunder Körper wird auf die Dauer gesunde Sinnlichkeit produzieren. Der Mensch mit einem gesunden Sinnenleben ist wie ein reicher Mann, der von den Zinsen lebt und das Kapital nicht anzugreifen braucht. Ein alter gebrechlicher Ölscheich aber, um dessen Sexleben sich ein halbes Dutzend Bauchtänzerinnen bemühen muß, lebt vom Kapital. Zwar nicht so scharf, aber in der Wirkung viel dauerhafter sind andere Gewürze für Ihr Sexleben, zudem Gewürze, die auch bei Langzeiteinnahme nicht schaden. Im Gegenteil, sie sind äußerst gesund, und wenn Sie diese bisher noch nicht regelmäßig genommen haben, würde ich Sie Ihnen hiermit gern verordnen.

Zum Beispiel schnelle Spaziergänge, ausgedehnte Wanderungen, Radtouren, Schwimmen, Tanzen, insgesamt genußvolle Sportarten. Im Bewegungsprogramm unseres Zärtlichkeit-Lehrganges liegt die Betonung natürlich auf „genußvoll". Wir wollen also nicht nur laufen, wandern, schwimmen, wir wollen dabei den wundervollen Bewegungsablauf unseres Körpers bewußt wahrnehmen und genießen. Gehen Sie doch einmal nicht durch die Einkaufsstraße Ihrer Stadt, sondern schreiten Sie hindurch. Vielleicht drängt sich Ihnen jetzt ein ähnliches Bild auf wie mir: eine Negerin oder eine Griechin, die mit einem Wasserkrug auf dem Kopf vom Brunnen schreitet.

Man müßte blind sein, würde man übersehen, daß diese Frau, die bestimmt weit unter Ihrem Existenzminimum lebt, den Rhythmus ihres Körpers selbst unter der Last auf dem Kopf genießt. Und nun stellen Sie sich an eine Straßenecke und beobachten, wie Ihre Geschlechtsgenossinnen an Ihnen vorbeilatschen und vorübermarschieren. Genußvoll schreiten? Eine Seltenheit. Natürlich schneiden wir Männer auch nicht besser ab.

Haben Sie nicht Lust, einmal ein Dutzend Männer innerhalb weniger Minuten auf Sie aufmerksam zu machen? Dann lernen Sie, wenn Sie es noch nicht können sollten, zu gehen. Von Mannequin-Kursen abgesehen, wo Sie sogar riskieren, eine überkandidelte Fortbewegungsart einzuüben, empfiehlt sich zur Gehschulung ein Tanzkurs. Tanzen als Organtraining und Körperkultivierung spielt natürlich auch eine große Rolle als zärtliches Liebeswerben, was es vom Balztanz der Vögel bis zur Akrobatik in finsteren Diskotheken schon immer war. In jedem Alter können Sie sich zusammen mit einem Partner bei einem Tanzkurs sehen lassen, vorausgesetzt, Sie haben sich bisher nicht zu sehr gehenlassen und sind unförmig, ungeschmeidig und geistig alt geworden. Zum Tanzen brauchen Sie aber nicht immer einen Partner, wenngleich natürlich vieles mit einem lieben Menschen im Arm besser geht. Legen Sie doch einmal eine Platte auf und tanzen allein. Ich kenne eine international bekannte Geigerin, die von Zeit zu Zeit splitternackt zur Musik eines ihrer Lieblingskomponisten durch die mindestens vierzehn Zimmer ihres Bungalows tanzt der Hund vor oder hinter ihr her.

Wann haben Sie zuletzt mit einem Besenstil oder einem Stuhl getanzt? Schon lange her? Dann wird es Zeit. Im übrigen, Sie brauchen gar keinen Besenstiel oder Stuhl, Sie brauchen nur den Wunsch, sich einem angenehmen Gefühl hinzugeben: der Rhythmik Ihrer Körperbewegung, den erträumten Händen eines sympathisch-zärtlichen Menschen, der fordernden Inbrunst eines liebestollen Partners oder irgendeiner anderen Empfindung und Phantasie.

Nach dieser kleinen, sehr realistischen Träumerei nun aber zurück zur Wissenschaft: Sportärzte haben überzeugendes statistisches Material zusammengetragen, aus dem hervorgeht: Wir fühlen uns nach körperlicher Anstrengung meist wohler als zuvor. Wir haben dann nämlich unsere Körperzellen – auch die des Gehirns – mit Sauerstoff aufgetankt. Sauerstoff ist das wichtigste Brennmaterial des Lebens. Sie können mit den üblichen Fettreserven wochen- und monatelang ohne einen Bissen Nahrung auskommen und gute vier bis fünf Tage auch ohne einen Schluck Flüssigkeit. Aber schon zwei Minuten Mangel an Sauerstoff genügen für irreparable Schäden, wenn nicht gar für ein Begräbnis.

Heilatmen ist bei verschiedenen Gelegenheiten eine gute und notwendige Therapie. Wenn Sie aber keinen Atemtherapeuten zur Hand haben, dann helfen Sie sich selbst. Sie müssen sich nur so ausgiebig bewegen, daß Sie unbewußt immer tiefer atmen, um genügend Luft zu bekommen. Dann atmen Sie richtig. Im übrigen, man hat einmal Leute in eine Sauerstoffkammer eingesperrt und hinterher gefragt, wie sie sich fühlen. Jede der Versuchspersonen fühlte sich wohler als zuvor, und viele von ihnen sagten, sie könnten plötzlich viel klarer denken.

Wieviel Atmen mit Saugen gemeinsam hat, können Sie an einem Raucher beobachten. Und wieviel Saugen mit Sex zu tun hat, wissen Sie hoffentlich selber. Je tiefer wir einatmen, um so wahrnehmbarer pflanzt sich eine Welle der Kraft bis in unsere Gedärme fort. Atmen Sie doch einmal ganz langsam und ganz tief ein, indem Sie sich vorstellen, Sie schnuppern an Ihrer Lieblingsblume. Wenn Sie es nicht sofort spüren, dann wird es Ihnen nach einiger Übung gelingen: Sie atmen bis in Ihren Beckenboden hinab. Eine gesunde Person atmet, übertrieben formuliert, mit dem ganzen Körper. Ihre Atembewegungen sind tief im Körper spürbar, so tief, daß einmal einer meiner Patienten sagte: „Ich kann bis in meine Hoden atmen.“ Unnötig zu sagen, daß mich dieser Mann *nicht* wegen sexueller Probleme konsultieren mußte.

Wissen Sie, was ich jetzt hoffe? Daß es Ihnen bald ähnlich ergeht wie einem meiner Freunde, einem nicht mehr ganz jungen Facharzt für Innere Krankheiten. Er hatte sich einige Zeit nicht recht wohl gefühlt, dann doch wieder ein Fitneß-Programm aufgenommen. Und so etwa lautete sein Telefonkommentar an einem Sonntagabend: „Morgens bin ich eine Stunde geritten, dann hab ich zwei Stunden Tennis gespielt, nach dem Mittagessen M. – Vorname seiner Frau – vernascht, und jetzt verspüre ich so ein komisches Ziehen im Bauch, daß ich glaube, M. ist heute noch mal dran.“ Beim letzten Teil dieses Satzes war ein amüsiertes Lachen seiner Frau im Hintergrund nicht zu überhören. Offenbar hatte sie nichts gegen die sportlichen Aktivitäten ihres ansonsten überarbeiteten Ehemannes einzuwenden.

Nicht nur das Tanken von Sauerstoff, auch die Betätigung von Muskeln kann unsere Sinnlichkeit und damit das Verlangen nach Zärtlichkeit und damit auch das Verlangen nach sexueller Betätigung anregen. Es gibt keine zweite Methode, unsere Nerven und unsere Muskeln in kürzester Zeit schneller auf Trab zu bringen als

2. Isometrik

Beschäftigen wir uns zunächst mit den Nerven. Was sind eigentlich, ganz einfach gesprochen, Nerven? Nerven sind Fäden des Gehirns. Nerven durchziehen meinen Körper. Reize ich zum Beispiel meine für die Bewegung verantwortlichen Nerven in den Beinen, etwa dadurch, daß ich die Muskeln meiner Beine anspanne, dann leiten diese Nerven die Reize weiter in mein Gehirn.

Diese durch Bewegung erzielte Nervenreizung ist einer der Gründe, warum wir uns nach körperlicher Betätigung so wohl fühlen. Selbst depressive Menschen sind nach einer physischen Anstrengung weniger gedrückt. So werden in der medizinischen Literatur immer wieder Fälle beschrieben, wie sich zum Beispiel nach Kraftakten – einige Stunden Holzhacken oder Gewaltmarsch – Depressionen wesentlich besserten oder ganz verschwanden.

Und nun zum bioenergetischen Vorteil der Isometrik für unsere Muskeln. Isometrik strengt die Muskeln an und erzeugt nach der maximalen Muskelanspannung ein wohliges Gefühl der Entspannung, vielleicht sogar einer gewissen Faulheit. Ein verkrampfter, gestreßter Mensch mag sich für eine kurzfristige Paarung eignen, nicht aber für Zärtlichkeit und Liebe. Darum empfehle ich Ihnen, regelmäßig einige unserer isometrischen Übungen zu machen. Einmal am Tag genügt. Sie tun dabei etwas für Ihr Aussehen, Ihre Nerven, Ihren Gemütszustand und Ihr Sexleben. Sollten Sie zur Zeit keines haben, dann halten Isometrics Sie fit für die Zeit, da Sie eines haben werden.

Eine Methode, Ihr Gespür für Zärtlichkeit zu verfeinern, aber auch zugleich Ihren Partner beziehungsweise Ihrer Partnerin neue Reize zu vermitteln, nach denen wir uns ja alle sehnen, lernen wir durch Training unserer

3. Genitalmuskeln

Ich wende mich zunächst an Sie, lieber Leser. Sie wissen, daß wir Männer beim Urinieren den Harnstrahl stoppen können, indem wir eine bestimmte Muskelgruppe in unserer Blasengegend anspannen. Stellen Sie sich bitte vor, Sie lassen Wasser und halten plötzlich den Harnstrahl zurück. Vielleicht ziehen Sie dabei auch noch etwas die Gesäßmuskeln zusammen. Sie spüren dann, wie sich Ihr Penis etwas bewegt. Und nun lassen Sie wieder locker. Erinnen Sie diese Bewegungen nicht an die während des Samenergusses?

Sollten Sie Ihren Penis durch diese Muskelan- und -entspannung noch nicht zum Bewegen bringen, dann machen Sie doch diese Übungen einige Male am Tag – im Auto vor einer roten Ampel, während einer langweiligen Besprechung, im Restaurant, bis der Ober kommt, oder sonstwo.

Beherrschen Sie diese Methode, haben Sie zweierlei erreicht: Erstens beschäftigen Sie sich positiv mit Ihrem Körper und mit Ihrem Geschlechtsapparat, was Ihren Sinn für Zärtlichkeit erweitert, und zweitens können Sie Ihrer Partnerin neue Wonnen vermitteln. Jede Frau mit einer einigermaßen empfindlichen Scheide reagiert auf Zuckungen des Penis mit ihrem Körper. Diese Zuckungen erinnern sie an den Samenerguß, also an einen äußerst angenehmen, leider viel zu kurzen Augenblick. Männer, die die oben beschriebene Technik gut beherrschen, können schon durch solche Zuckungen Frauen zum Orgasmus bringen. Wenn Ihre Parterin die Fähigkeit besitzt, ihre Scheidenmuskulatur zusammenzuziehen, bietet sich ein gepflegter Funkverkehr zwischen Penis und Vagina direkt an. Die zwei Partner liegen eng umschlungen da, wobei sich eine möglichst bequeme Stellung für beide empfiehlt. Sie verhalten sich ganz ruhig und konzentrieren sich nur auf das kleine Brüderchen und Schwesterchen da unten, die sich auch eng umschlungen haben. Und nun zuckt er. Sie bedankt sich mit einem Zusammenziehen ihrer Muskulatur. Vielleicht zuckt er hierauf einige Male hintereinander, was sie, nicht faul, zu einer Revanche herausfordert. Nach einiger Zeit des Übens werden Sie feststellen, daß Ihre Partnerin am ganzen Leibe zuckt, wenn Sie es da unten zucken lassen. Als geistreicher Zuckmayer können Sie diesen Morseverkehr mit geeigneter Konversation begleiten.

Nun zu Ihnen, liebe Leserin. Was die Anatomie betrifft: Der Muskel, der Ihre Vagina umgibt, erstreckt sich vom

Scham- bis zum Steißbein und zieht sich beim Orgasmus zusammen. Nach Geburten oder durch anderweitige Erschlaffung dieses Muskels passiert es vielen Frauen, daß sie beim Husten, Niesen, Lachen, Springen Harn verlieren, was nicht gerade angenehm ist.

„Morsen" Sie dagegen fleißig, können Sie dies vermeiden und den Genuß einer zärtlichen Stunde für sich und Ihren Partner erhöhen, weil sich auch die Empfindlichkeit in Ihrem Genitalbereich erhöht. Und weil Sie in die Lage versetzt werden zurückzuzucken, indem Sie Ihre Scheidenmuskulatur energisch zusammenziehen. Der große amerikanische Obszöniker Henry Miller verrät, daß es nach seiner Erfahrung Frauen mit *nutcracker cunts* gibt, was ich in meiner vornehmeren Art als Nußknacker-Scheiden übersetzen will. Gleichgültig, was Sie da im einzelnen knacken wollen, folgende Übungen empfehlen sich zur diesbezüglichen Muskelstärkung:

1. Sie halten plötzlich den Harn an. Und dann legen Sie sich hin (natürlich erst, wenn Sie Ihre Blase entleert haben) und üben dieses Anhalten immer wieder. Wenn Sie eine Neigung zur Wissenschaft haben, können Sie auch einen Finger in Ihre Vagina stecken und prüfen, ob Sie schon spüren, wie sich besagte Muskulatur zusammenzieht. Auf alle Fälle fleißig üben: immer wieder den Muskel drei Sekunden anspannen, dann drei Sekunden Pause, dann drei Sekunden anspannen . . . Wenn Sie dies täglich einige Minuten lang trainieren, wird Ihr wissenschaftlicher Finger oder der Penis Ihres Partners die neuen Fähigkeiten Ihrer Beckenmuskulatur spätestens nach zwei, drei Wochen zu bestaunen haben.

Morsen wir aber inzwischen weiter, selbst wenn Ihnen die

erste Übung einen leichten Muskelkater verursachen sollte.

Die nächste Übung geht folgendermaßen:

2. Sie steigern das Tempo des Zusammenziehens und Loslassens, so daß Ihre Vagina richtig zu vibrieren anfängt, wovon Sie viel und Ihr Partner noch mehr Genuß haben werden.

3. Sie stellen sich vor, Sie sitzen auf der Kloschüssel und pressen, wie bei der Darmentleerung. Dabei wölbt sich nicht nur Ihr After nach außen, auch Ihre Vulva (der sichtbare Teil der Scheide). Dieses Pressen und Entspannen im Rhythmus von etwa drei Sekunden erzeugt eine Art Pumpwirkung. In der Tat haben Frauen berichtet, daß sie Wasser in ihre Scheiden gepumpt haben, wenn sie in der Badewanne trainierten. Meinen Sie nicht auch, es muß nicht immer Gruppensex oder Tapetenwechsel sein, um den Reiz des Neuen in Ihr Schlafzimmer zu bringen?

Von neuen Reizen soll auch im folgenden die Rede sein, wenn Sie, liebe Leserin, noch etwas für Ihr Orgasmustalent tun wollen.

Da etwa 30% aller Frauen in der westlichen Welt Orgasmusschwierigkeiten haben, dürften die nächsten Empfehlungen besondere Aufmerksamkeit verdienen:

1. Zunächst wählen Sie sich Ort und Zeit zum Entspannen aus. Sorgen Sie dafür, daß Sie während der nächsten Stunde nicht gestört werden können.

2. Versetzen Sie sich in eine sinnliche Stimmung. Vielleicht stellen Sie neben Ihr Bett ein Glas und eine Flasche mit Vermouth oder Wein. Vielleicht haben Sie sich zuvor gebadet und parfümiert oder eingeölt. Wie wäre es mit Musik? Einem kleinen Pornoroman? Einer Rauchkerze?

Oder auch nur mit der Vorstellung, daß Sie einen Liebhaber, und keinen schlechten, erwarten?
3. Streicheln Sie sich. Wenn es Ihnen Spaß macht, beobachten Sie diese Szene in einem Spiegel. Gleichgültig, ob Sie für die zärtliche Massage Ihres Körpers Öl verwenden oder eine weiche Bürste. Streicheln Sie sich im Genitalbereich, kann sich Ihr Finger immer wieder mit dem natürlichen Sekret Ihrer Vagina befeuchten. Behandeln Sie Ihren Körper ganz einfach mit dem Ziel, einen Orgasmus zu erleben.
4. Falls Sie glauben, Sie könnten Ihrem Körper durch zärtliche Handarbeit, etwa im Intimbereich, keine Lustempfindung abgewinnen – streicheln Sie doch vergleichsweise einmal Ihren Ellbogen. Sicherlich ist das nur halb so schön. Ob Sie eventuell zu hohe Erwartungen haben? Auch wenn Sie eine halbe Stunde und noch länger auf die Befreiung warten müssen, sagen Sie sich, das ist eher die Norm als die Ausnahme. Im übrigen, falls Sie bisher überhaupt noch keinen Orgasmus erlebt haben, kann es sein, daß er Monate auf sich warten läßt, trotz fleißigen Übens. Lassen Sie sich Zeit, es lohnt sich!
5. Wechseln Sie bei Ihrem Training gelegentlich die Körperhaltung, damit Sie nicht nur in einer bestimmten Position einen Orgasmus erleben, womöglich in einer solchen, die sich für den zärtlichen Umgang mit einem Partner gar nicht eignet. Übrigens, Sie brauchen nicht zu befürchten, daß Sie sich an Masturbation zu sehr gewöhnen und hinterher an einem Mann keinen Spaß mehr haben. Langjährige Untersuchungen kalifornischer Universitätsinstitute garantieren Ihnen, daß solche Ängste unbegründet sind.
6. „Morsen" Sie während Ihrer Übung, das heißt, betätigen Sie in der zuvor beschriebenen Weise Ihre Beckenmuskula-

tur. Viele Frauen berichten, daß sie dann viel schneller ihr Ziel erreichen.

7. Sie dürfen sich natürlich nicht nur mit den Händen streicheln, auch Vogelfedern oder eine Puderquaste leisten gute Dienste.

8. Wenn Sie dann Ihren Orgasmus erleben, übertreiben Sie! Schreien Sie meinetwegen oder benutzen Sie Wörter, die Sie sonst nie in den Mund nehmen würden. Das ist Biofeedback, wenn Sie verstehen, was ich meine.

9. Vielleicht greifen Sie auch auf ein Hilfsmittel zurück, das meines Wissens Kinder erfunden haben. Sie legen sich in angenehm warmes Badewasser und richten den Strahl der Dusche auf Ihren Körper, auf Ihre Brust, Ihre Genitalien oder wo sonst er Sie sinnlich erregt. „Als ob mich tausend Finger gleichzeitig liebkosen würden", so charakterisierte eine Patientin einmal diese Gefühle.

10. Inwieweit Sie andere Hilfsmittel verwenden, etwa die viel bewitzelte Banane oder eine Schlangengurke, sei natürlich Ihnen überlassen, wie ebenfalls alles andere, was ich Ihnen hier empfehle. Immer mehr moderne Haushaltungen führen neben einem Kühlschrank, einer Waschmaschine und einem Geschirrspüler einen Massagestab. Die batteriebetriebenen sollen handlicher, aber lauter sein als die vom Stromnetz abhängigen. Wollen Sie nicht einmal so einen Vibrator die Vorarbeit tun lassen und dann die Endphase mit eigener gelöster Hand erleben? Andere wiederum schätzen das Gegenteil. Das bleibt Ihnen überlassen. Da fällt mir folgende Geschichte ein. Ein surrendes Geräusch in einer schlecht schallisolierten Pension brachte mich vor Jahren in arge Bedrängnis. Das nächste Zimmer war von einer stattlichen Holländerin bewohnt.

Manchmal nach dem Abendessen, meist aber morgens

vor dem Aufstehen, hörte ich ein verdächtiges Surren durch die Wand. Nun, die tut sich ja schon in aller Herrgottsfrühe was Gutes, dachte ich wiederholt und freute mich über das unternehmungslustige Wesen von nebenan. Bis ein Tanzabend in der Pension stattfand. Ich holte meine blonde Nachbarin zu einem Tango und verbrachte einige schweigsame Zeit an ihrem Busen. Doch dann wurden wir von einem Paar gestoßen, das den Tango mit einem Quickstep verwechselte. Für den Bruchteil einer Sekunde sank meine deutsche Wange an eine holländische und plötzlich wußte ich, daß das erregende Surren nicht von einem Vibrator, sondern von einem Rasierapparat stammte.

In unserem Selbstentfaltungskurs muß natürlich auch einmal der Augenblick kommen, da Sie Ihre neuen Erfahrungen mit Ihrem Partner verwerten wollen; das war schließlich der Sinn der Übung. Vielleicht brauchen Sie dann einen gut klingenden Grund zur Erklärung Ihrer Absicht. So könnten Sie eines Tages zum Beispiel mit einem preiswerten medizinischen Taschenbuch in der Hand sagen: „Komisch, wie wenig wir unseren Körper kennen. Wir wissen zwar, was in unserem Auto eine Pleuelstange ist. Aber weißt du, wo deine Corona sitzt?“ Bestimmt wird jetzt mancher Coronaeigentümer dümmlich aus der Pyjamajacke schauen. Mit umgekehrten Vorzeichen könnte er aber sagen: „Du, wir kennen uns jetzt zehn Jahre, aber ich habe noch nie so richtig deinen Körper angeschaut.“

Und wenn Sie darauf erwidern: „Dann tu es doch!“, sind Sie einen Schritt weiter. Stellen Sie sich bitte vor, Sie kommen von einem fernen Planeten auf die Erde und finden ein unbekleidetes Wesen, das Ihnen sympathisch ist. Und nun gehen Sie daran, diesen Zwei-Beiner und Zwei-Armer

Quadratzentimeter für Quadratzentimeter zu untersuchen – mit Blicken, mit Händen, mit Lippen, mit der Zunge. Ihre Neuentdeckung – in Wirklichkeit ist es zufällig Ihre Frau beziehungsweise Ihr Mann – liegt dabei auf dem Rücken, und Sie sitzen oder liegen daneben. Jetzt geht's los. Vielleicht legt der „Patient" dem jeweils Doktor Spielenden seine Hände auf die untersuchende Hand und geleitet sie über seinen Körper. An einer bestimmten Stelle wächst der Druck auf die examinierenden Finger, an einer anderen läßt er nach. Sie können Fragen stellen, etwa solche: „Tut das weh? Tut das gut? Wie tief geht das Brustbein? Was empfindest du jetzt? Ist es dir lieber so oder so?" Sagen Sie um Gottes willen nicht aus reiner Höflichkeit: „Alles, was du tust, ist schön." Gehen Sie ins Detail. Sagen Sie, wo und wie Sie die Untersuchung am liebsten haben. Sagen Sie es vor allem, wenn Ihre erregendsten Zonen dran sind. Vielleicht legen Sie dann Ihren Zeigefinger auf den untersuchenden Finger Ihres Partners und steuern seine Hand nun ganz besonders liebevoll.

Im Grunde genommen tun Sie nichts anderes, als der Hand Ihres Partners beizubringen, was Ihre Hand schon lange weiß, nämlich wie Sie an bestimmten Stellen be-handelt werden wollen. Sinngemäß gilt ähnliches auch für die Untersuchung mit der Zunge.

Was hier zunächst als Untersuchung deklariert wird, ist später nichts anderes als ein Teil des sogenannten Vorspiels. Immer wieder beklagen sich Frauen, daß ihr Mann viel zu schnell zur Hauptsache, aber nicht zum springenden Punkt gelangt. Nicht nur, daß die weibliche Physiologie dabei zu kurz kommt, es kommt vor allem die weibliche Psychologie zu kurz. Solche Frauen betrachten sich – nicht ganz zu unrecht – als Mittel zum Zweck. So wie sie sich von ihrem

Partner mißachtet fühlen müssen, wenn sich dieser nach der Ejakulation möglichst schnell in seine Schlafhaltung begibt und kein Wort oder keinen Griff der Zärtlichkeit mehr für seine Partnerin übrig hat.

Lesbische oder bisexuelle Frauen betonen immer wieder, daß eine Frau mit dem Körper einer anderen besser umzugehen versteht als ein Mann. Es wird aber vielleicht nicht ganz Ihrem Geschmack entsprechen, liebe Leserin, eine Freundin in Ihr Bett einzuladen, damit diese Ihrem Mann zeigt, wie Sie erregt zu werden wünschen. Was Sie aber tun können: dies Ihrem Partner selber zu zeigen.

Unmöglich! So denken Sie jetzt vielleicht. Unmöglich könnte ich vor meinem Mann mit meiner Brust oder meiner Klitoris spielen! Warum eigentlich nicht? Warum können Sie nicht sagen: „Du machst es schön. Manchmal hätte ich es so noch lieber . . .“ Und es ihm dann vormachen. Oder Sie sagen zu ihm: „Ihr Männer habt doch schon als Jungen angefangen zu masturbieren. Zeig mir mal, wie du das gemacht hast! Dann kann ich es dir vielleicht auch schöner machen. Außerdem, dich so scharf zu sehen, macht mich selber scharf.“

Kräftig oder zart? Diese Frage wird einem häufig gestellt. Darauf gibt es nur eine Antwort: Wie es euch gefällt. Vergessen wir nicht: Im Verlauf der sexuellen Erregungskurve schwankt unsere Vorliebe für Kraft und Zartheit. Ein Mensch, der zunächst nur Finger so flüchtig und leicht wie die Beine einer Fliege ertragen kann, gerät während des Orgasmus in solch einen Taumel, daß ihn Bisse und Quetschungen nicht stören, ist aber bereits Sekunden später so überempfindlich, daß er keinerlei Berührung mehr wünscht.

Partnermassage

Jede Muskelverspannung schränkt die Freiheit der Bewegung und des Ausdrucks ein. Leben ist Bewegung, Zärtlichkeit ist Ausdruck. Verkrampfung ist die Feindin des Lebens und der Zärtlichkeit. Nebenbei bemerkt und schnodderig ausgedrückt: Verkrampfung ist völlig überflüssiger Krampf.

Das Ziel jeglicher Muskelentspannung beim Thema Zärtlichkeit ist es, die Beweglichkeit des Körpers zurückzuerhalten – nicht, damit Sie sich wieder besser bewegen können (dafür ist Ihr Orthopäde zuständig), sondern damit Sie wieder spontaner empfinden. Die Lebhaftigkeit des Gesichtsausdrucks, die Art der Gesten und die Qualität der Körpermuskulatur verraten, wie fähig ein Körper ist, sich einem Vergnügen hinzugeben.

Ich entsinne mich, wie ich mit einem Franzosen in einem Lyoner Feinschmeckerlokal saß und besagter Mann, eine bekannte Größe der Stadt, bei der Ankunft des ersten Gerichts sein Sakko auszog und die Hemdsärmel bis zu den Ellbogen hochkrempelte. „Beim Essen müssen die Muskeln freies Spiel haben“, meinte er.

Eine gesunde Persönlichkeit ist eine vibrierende Persönlichkeit. Ein gesunder Körper ist ein vibrierender Körper. Ein verkrampfter Körper zittert vielleicht, aber er vibriert nicht.

Eine der einfachsten Übungen, um die Körpermuskulatur zu entspannen, ist es, Ihr Bett mit den Beinen zu bearbeiten. Sie liegen flach auf dem Rücken, mit ausgestreckten Beinen.

Sie heben das rechte Bein hoch, bis es senkrecht steht und lassen es dann völlig entspannt auf das Bett fallen. Dann tun Sie das gleiche mit dem linken. Und abwechselnd so weiter, 50, 100, 200mal. Sie können es gar nicht oft genug machen.

Atmen Sie tief ein, wenn Sie ein Bein heben, und atmen Sie energisch aus, wenn Sie das Bein fallen lassen. Ist Ihr Körper „durchlässig", dann wird Ihr Kopf jedesmal leicht hoch- und zurückschnellen, wenn Ihr Bein fällt. Achten Sie aber besonders darauf, daß Ihre Nackenmuskulatur butterweich ist.

Sollten Sie an irgendwelchen Hemmungen leiden, zum Beispiel, sich nicht hingeben können oder Angst vor Nacktheit haben, dann sagen Sie jedesmal, wenn Ihr Bein auf das Bett schlägt: „Gehenlassen!" oder „Wie angenehm!" und denken dabei an die Situation, vor der Sie bisher Angst hatten. So bauen Sie nach und nach Ihre Ängste ab.

Sie können diese Übung intensivieren. Und zwar folgendermaßen: Wenn Sie ein Bein heben, heben Sie gleichzeitig den entgegengesetzten Arm. Anschließend lassen Sie gleichzeitig beide fallen. Wenn Ihnen diese Bewegung in Fleisch und Blut übergegangen ist, achten Sie darauf, daß Sie mit einer gewissen Eleganz und Grazie erfolgt, also mehr oder weniger fließend. Körperbewegung ist dann elegant und genußvoll, wenn sie natürlich, koordiniert und entspannt ausgeführt wird.

Jede Gefühlsregung, die sich nicht ausleben darf, streßt bestimmte Muskeln. Will jemand weinen, darf es aber nicht, dann verhärten sich die Gesichtsmuskeln zu einer Maske. Unterdrückter Ärger verspannt den Rücken, und Angst verkrampft die Muskeln des Nackens, der Schultern. Der

Zusammenhang zwischen negativen Impulsen und Muskelverkrampfung ist so rigoros, daß ein Kenner auf diesem Gebiet von dem Ort und der Art der Muskelverspannung her auf die Art der seelischen Probleme schließen kann. Übrigens, nicht nur seelischer Streß verspannt, körperlicher tut es auch, aber nicht so ausgeprägt und so langandauernd.

Ein Muskel ist wie eine geladene Pistole. Man braucht nur den richtigen Punkt zu berühren, und die Reaktion erfolgt. Im Muskel ist Energie in Form von Sauerstoff und Blutzukker gestapelt. Mit dieser Feststellung sei nochmal die Bedeutung der Sauerstoffversorgung unseres Körpers betont, und damit die Bedeutung einer vertieften Atmung – sei es durch Atemgymnastik oder durch forsche Bewegung.

Ob Tier oder Mensch, das Anwachsen von Kraft oder die Entfaltung charakteristischer Züge wird als Genuß empfunden. Umgekehrt verspüren wir Mißbehagen beim gegenteiligen Prozeß. Das wird einer der Gründe sein, warum die Freude an unserem Körper im Lauf der Jahre zurückgeht und mehr intellektuellen Vergnügen Platz macht – was natürlich das Vorhandensein von Intellekt voraussetzt. Vergnügen ist das freie Fließen von Energie und Gefühlen in einem entspannten Körper oder zwischen diesem Körper und seiner Umgebung. Zärtlichkeit ist immer auf andere und nicht auf uns gerichtet.

Man kann sich selber lieben, und alle tun es, aber man würde lächerlich wirken, würde man sagen: Ich bin zärtlich zu mir. Zärtlichkeit braucht Umwelt, braucht ein Ziel. Oft ist Zärtlichkeit nur die Vorfreude auf einen körperlichen oder seelischen Genuß. Bei zärtlichen Gefühlen strömt mehr Blut als sonst zur Körperdecke, also zur Bewegungsmuskulatur und zur Haut. Dieser Blutstrom zur Hautoberfläche wird als Wärme empfunden, wie wir insgesamt angenehme Gefühle als „warm" registrieren. Übermäßig mit Blut versorgte Hautbezirke spannen und suchen Entladung, schreien förmlich nach Berührung: nach einem Händedruck, einer Umarmung, einem Kuß, sexueller Vereinigung oder ganz einfach nach Streicheln, und sei es auch nur, daß wir eine geschwollene, schmerzende Körperstelle, die ebenfalls übermäßig durchblutet ist, mit der Hand oder dem Hauch unseres Atems berühren. Übrigens, „warme" Gefühle empfinden wir bewußt oder unbewußt als erotische Gefühle.

Hassen oder verachten wir, empfinden wir Ekel oder Angst, dann fließt unser Blut vermehrt in die entgegengesetzte Richtung. Negative Gefühle sind kalt. Körperkontakt wird uns dann unangenehm, erotische Empfindungen verschwinden. „Dieser Mensch läßt mich kalt", sagt man.

Ekstase aber läßt uns unseren Körper so heiß empfinden, als wäre er ein großes zuckendes Herz.

War das Ganze nur Sex, fühlen wir uns nach dem Orgasmus kalt. Die sinnenerregende Energie hat dann unseren Körper verlassen, und zurück bleibt Ernüchterung. Vielleicht denken Sie jetzt darüber nach, wie teuer Sie die ganze Angelegenheit schon gekommen ist und was noch alles an Belastungen nachkommen kann. Herrschen aber in Ihrer Beziehung zu Ihrem Partner Zärtlichkeit und Liebe vor, dann verteilt sich eigenartigerweise die Energie, die zunächst in Ihrer Genitalzone saß, auf Ihren ganzen Körper. Wir empfinden in uns mehr Wärme und fühlen uns tiefer befriedigt, vielleicht sogar als bessere Menschen.

Ich hätte Ihnen und mir diese Einleitung zu einem Kapitel über Massage erspart, wenn mir die Praxis nicht immer wieder beweisen würde, daß eine gute Partnermassage oft tiefere Bindungen schafft als das sogenannte Vorspiel.

Ich will natürlich jetzt kein Buch über Massage schreiben. Nur nebenbei: Ich habe bereits eines geschrieben, und zwar über Reflexzonentherapie unter dem Titel „Krankheiten erkennen und selbst behandeln“. Also hier nichts über die verschiedenen Techniken der Sport- oder Bindegewebs- oder Fußreflexzonen-Massage. Ich mache hier nicht einmal einen Unterschied zwischen schulmedizinischer und sexueller Massage. Ich könnte ihn auch gar nicht machen. Offenbar ist es das Ziel sexueller Massage, den Partner sexuell zu erregen. Aber sehen Sie, da berührt ein Liebender den kleinen Finger oder das Knie seiner Geliebten, und schon ist der Teufel der Gefühle los. Zur selben Zeit läßt sich ein gut betuchter Geschäftsmann von zwei routinierten Masseusen bearbeiten, und er empfindet wenig oder gar nichts. Ob eine Massage sexuell ist oder nicht, entscheidet das Gehirn des Empfängers, nicht die Absicht des Massierenden.

Nehmen wir nun einmal folgende Situation an: Sie sind lange genug mit einem Partner verbunden, um ihn in- und auswendig zu kennen. Vielleicht gerade deswegen wünschen Sie sich einmal Abwechslung. Sie tappen sicherlich nicht weit daneben, wenn Sie annehmen, daß auch Ihr Partner nichts gegen etwas Neues einzuwenden haben werde. Vielleicht haben Sie einen noch konkreteren Grund, etwas zur Pflege Ihrer Partnerschaft zu tun. Solche Gründe könnten sein: Ihr Mann kommt oft abgespannt, fast geistesabwesend nach Hause. Oder Sie haben von der vielen Büroarbeit keine Muskeln mehr auf den Schultern, sondern nur noch Bretter. Ihr Leib ist verspannt, und der Gedanke, daß Ihr Partner erwartet, daß Sie heute noch fleißig mit dem Po wackeln, hat wenig Verführerisches für Sie. Sie werden sehen, es gibt noch eine Unmenge guter Gründe für

Partnermassage. Zum Beispiel: Sie praktizieren brav und schön das sogenannte Vorspiel, aber Sie finden nicht den gewünschten Anklang damit. Vielleicht denken Sie sich: Wieder einmal dasselbe. Man merkt die Absicht und ist verstimmt. Also mal etwas Neues! Dieses Neue hat außerdem den Vorteil, sehr gesund für Körper, Geist und Seele zu sein. Und zwar nicht nur für Körper, Geist und Seele Ihres Partners, sondern ebenso für Sie.

Irgendwann, irgendwo ergibt sich ganz sicher die Gelegenheit, daß Ihnen Ihr Partner das Stichwort zu einer Massage liefert: Verkrampfung, Schmerzen, Abgeschlagenheit, leichte Depressionen, Ärger, Nicht-Abschalten-Können oder sonst ein negatives Gefühl, gegen das Massage die richtige Medizin ist. Sofort aber eine Einschränkung: Nicht massiert werden darf bei ansteckenden, fieberhaften Erkrankungen und bei Beschwerden, die nur operativ behandelt werden können. Völlig ungeeignet für Massage sind Kranke mit Tumoren oder Schwangere. Nicht massiert werden dürfen entzündete Hautstellen, ferner keine Schwellungen, Beulen, Warzen, Leberflecke oder Krampfadern. Wenn Sie diese Warnung beachten, können Sie vom medizinischen Standpunkt nun lustig drauflos massieren. Wollen Sie aber Ihr Ziel erreichen, dann befolgen Sie diese Empfehlungen:

Sorgen Sie dafür, daß günstige Voraussetzungen für eine Partnermassage herrschen. Dazu gehören: ein wohltemperierter Raum, eine ruhige Atmosphäre, eine bequeme Sitz- oder Liegegelegenheit, ein angenehmes Massageöl oder -fett, warme gepflegte Hände mit kurzgeschnittenen Fingernägeln und möglichst ohne Hornhaut und Schwielen. Schmuck an Fingern und Armgelenken ist überflüssig.

Sorgen Sie dafür, daß kein Telefon läuten kann oder die Kinder jeden Augenblick ins Zimmer stürzen. Auch eine neugierige Nachbarin oder Schwiegermutter kann stören.

Sicherlich haben Sie vor der Massage für ein gut plaziertes Licht gesorgt. Massage soll ein Fest der Entspannung sein. Niemand starrt gern in Glühbirnen, wenn er sich angenehmen Empfindungen hingeben will. Vielleicht haben Sie auch ein Getränk bereit gestellt. Massieren macht durstig. Noch durstiger könnte das machen, was vielleicht der Massage folgt.

Die ungeeignetste Unterlage für eine Massage ist ein Bett, in dem Sie versinken. Es sei denn, Sie fangen gleich mit einer eindeutig erotischen Massage an. Dann können Sie natürlich auch auf einem Heuhaufen oder einer Alleebank Platz nehmen. Gut bewährt für Partnermassagen haben sich eine Couch, eine Decke auf dem Fußboden oder eine Matte aus dickem Schaumgummi.

Liegt der Partner auf dem Bauch, stützt er am besten seine Stirn auf die verschränkten Hände, wenn Sie seinen Nacken oder seine Schultern massieren. Für die Rumpfmassage sollten seine Arme längs des Körpers liegen.

Liegt er auf dem Rücken, können Sie ihm ein Kissen oder eine Rolle – zum Beispiel aus einer Wolldecke – unter die Kniekehlen legen. Sowohl Bauchmuskeln wie Beine entspannen so am besten. Daß man nicht durch Kleider hindurch massieren kann – muß das noch gesagt werden?

Übrigens wird das Massagemittel erst auf der Hand des Massierenden erwärmt, bevor es dem Partner aufgetragen wird. Warum? Der erste Kontakt sollte angenehm sein.

Und nun bitten Sie Ihren Partner, am besten an gar nichts zu denken. Schlagen Sie ihm vor, er solle tief und regelmäßig atmen. Und sich auf seine Gefühle bei der Massage konzentrieren. Am besten, Sie sprechen während der Massage nicht. Aber Sie bitten Ihren Partner, Ihnen gleich zu sagen, was ihm Spaß macht und was nicht. So soll er es Ihnen sofort sagen, wenn er sich gekitzelt fühlt. Weg dann mit Ihren Händen. Im übrigen, nach einigen Massagen wird er „ausgekitzelt" sein.

Nun sollten Sie noch die wichtigsten Massagegriffe erlernen.

1. Streichen (Effleurage). Dabei berühren die Finger oder die ganze Handfläche oder der Handrücken den Körper des Partners. Grundsätzlich: Lassen Sie ihn stets möglichst viel von Ihrem Körper spüren. Wenn Sie zum Beispiel mit einer Hand massieren, legen Sie die andere Hand auch auf seinen Körper. Streichen Sie seinen Körper nicht nur mit den Fingern, sondern mit der ganzen Hand.
2. Reiben (Friction). Reibungen wirken stärker als Streichen. Fangen Sie mit Streichen an und gehen Sie dann im Verlauf der Massage auf Reiben über, wenn Ihr Partner dies als angenehm empfindet. Bedenken Sie: Die Einstellung des Partners gegenüber der Massage kann von Minute zu Minute wechseln. Was ihm zunächst als angenehm erschien, langweilt ihn plötzlich, ja regt ihn vielleicht sogar auf. Je mehr sexuell angesprochen Ihr Partner sich fühlt, um so kräftiger dürfen Sie im allgemeinen zugreifen.
3. Kneten oder Walken (Petrissage). Diese Technik besteht in einem intensiven Durchbewegen von Muskeln und Bindegewebe. Ihre ausgestreckten Finger erfassen dabei eine Hautfalte oder einen Muskel. Gestreckt laufen nun die Finger gegen Ihren Daumen oder Ihren Handballen. Dabei stellen Sie sich vor, Sie würden Hautfalte und Muskel zwischen Ihren Fingern ausdrücken.

4. Klopfen (Tapotement). Ob Sie große Muskeln (zum Beispiel das Gesäß oder die Hinterseite der Oberschenkel) abwechselnd mit beiden Handkanten bearbeiten oder mit Ihren Handflächen darauf trommeln, ist eine Frage des Geschmacks. Das Klopfen mit Handflächen, ich warne Sie, verursacht verdächtige Geräusche. Warten Sie also damit, bis Ihre Kinder oder Nachbarn fest schlafen.

5. Erschütterungen (Vibration). Sie werden auf zweierlei Art ausgeführt: Entweder Sie stützen eine Fingerkuppe oder die Kuppen mehrerer Finger auf den Partner und übertragen nun Schüttelbewegungen Ihres ganzen Unterarms und Ihrer Hand an sein Gewebe oder Sie ergreifen mit Daumen und allen Fingern einer Hand einen Muskel und schütteln ebenfalls Unterarm und Hand, so schnell Sie können.

6. Drückungen (Pressage). Dabei werden die Hände mit abgespreizten Daumen und geschlossenen Fingern dicht nebeneinander auf die Oberschenkel oder Arme gelegt, üben dort einen kurzen, kräftigen Druck aus und wandern dann zur Körpermitte weiter. Drückungen sind im übrigen eine der wenigen Massagetechniken, wo beide Hände zugleich benötigt werden.

Nach dieser kleinen, aber notwendigen Theorie nun einige Anregungen zum Verlauf einer Partnermassage. Ihr Partner liegt entspannt auf dem Bauch. Raumtemperatur, Licht, beruhigende Musik, Getränke, Sicherheit vor Eindringlingen – an alles ist gedacht. Gedacht haben Sie natürlich auch daran, daß Ihr Partner plötzlich das Interesse an Ihrer Massage verliert und sich mehr oder weniger wollüstig Ihrem Körper zuwendet. Deswegen schadet es vielleicht gar nicht, wenn Sie sich vor der Massage nicht nur die Hände waschen. Ferner empfiehlt es sich, daß Sie bei dem angenehm-anstrengenden Verlauf einer Massage nicht gerade Ihr engstes und bestes Kleidungsstück tragen. Vielleicht haben Sie einen Trainingsanzug an oder Badekleidung – oder gar nichts.

Wie gesagt, Ihr Partner liegt entspannt auf dem Bauch. Sie wärmen das Massageöl oder -fett, das Sie sich in einer Drogerie oder Apotheke gekauft haben, zwischen Ihren Handflächen an und tragen es dann sanft und zart auf Po und Rücken auf. Denn da sollten Sie mit der Massage beginnen. Dann gehen Sie etwa folgendermaßen vor:

1. Sie streichen die Beckenkämme aus, und zwar von der Wirbelsäule nach außen bis zum Hüftgelenk, etwa 20mal auf einer Seite. Ist Ihr Partner gehemmt oder hat Hämorrhoiden, die er nicht gern vorzeigt, legen Sie die nicht-massierende Hand auf seine Kimme. Das beruhigt sein Schamgefühl.
2. Sie streichen etwa je 20mal mit drei Fingern oder der ganzen Hand rechts und links der Wirbelsäule entlang zum Nacken.
3. Sie streichen etwa je 20mal rechts und links der Wirbelsäule hoch bis zum Schulterblatt und umkreisen dieses von innen nach außen, bis Ihre Finger wieder bei der Wirbelsäule angelangt sind.
4. Sie suchen sich links oder rechts am Brustkorb die unterste Rippe (Rippenbogen). Dann ertasten Sie die nächsthöhere Rippe. Zwischen beiden Rippen befindet sich der sogenannte Interkostalraum (Raum zwischen zwei Rippen). Diesen Interkostalraum streichen Sie, von außen beginnend, mit dem Zeige- oder Mittelfinger aus, indem Sie ganz langsam die Hand zur Wirbelsäule hin bewegen. Das

machen Sie auf einer Seite so lange, bis Sie beim Schulterblatt angekommen sind. Und dann die andere Seite. Ziehen Sie etwa zehn Striche durch jeden Interkostalraum.

5. Massieren Sie nun die Schultermuskulatur, indem Sie dort Streichungen, Erschütterungen und Ausknetungen ausführen.

6. Sie wenden sich dem Nacken zu. Dabei lassen Sie langsam die Halswirbelsäule zwischen Ihrem Daumen und Ihrem Zeigefinger gleiten, während Sie Ihre Hand bis weit in das Haar hinein führen. Dann nähern Sie Daumen und Zeigefinger ein wenig, das heißt, Sie üben einen etwas größeren Druck auf die Muskulatur der Halswirbelsäule aus und bringen die Hand wieder zurück zur Ausgangsposition. Also Daumen und Zeigefinger bis unter das Haar hoch bringen und dann mit etwas mehr Druck zur Ausgangslage zurück.

7. Sie massieren mit beiden Händen den Hinterkopf Ihres Partners, indem Ihre Fingerspitzen entweder kreisende Bewegungen oder Vibrationen ausführen.

8. Nun können Sie sich rittlings auf den Po Ihres Partners setzen, wobei Sie sich mit Ihren Knien abstützen. Ihre beiden Hände streichen beginnend von den Ellbogen Ihres Partners über dessen Oberarme zu den Schultern und dann beidseits der Wirbelsäule abwärts bis zu Ihren Oberschenkeln. Vielleicht führen dabei Ihre Hände auf dem Rücken leichte Wellenbewegungen aus. Spätestens jetzt müßte Ihr Partner anfangen, wie ein Kater oder ein Kätzchen vor Behangen zu schnurren.

9. Vorausgesetzt, hier wird die ganze Massage nicht aus irgendeinem Grund abgebrochen, steigen Sie vom Po Ihres Partners und wenden sich seinen Beinen zu. Sie heben einen Fuß an und stellen den Unterschenkel senkrecht. Während Sie mit einer Hand den Fuß halten, streicht die andere Hand

pumpend die Wade aus. Haben Sie dies einigemale gemacht, kommt das andere Bein dran.

10. Nun massieren Sie die Oberschenkel, wobei Ihr Partner die Beine etwas spreizen muß. Sie können beim Oberschenkel die Klopf- und die Knettechnik anwenden oder ganz einfach die Oberschenkel ausstreichen bzw. reiben. Dabei kommen Sie höchstens auf Handbreite an die Geschlechtsteile heran, es sei denn, Sie hätten sadistische Neigungen und wollten Ihrem Partner Höllenqualen bereiten. Sie dürfen ihn noch nicht aufreizen, schließlich geht es ja weiter im Programm. Und zwar soll er sich jetzt auf den Rücken legen. Für den Fall, daß er faul und entspannt auf dem Bauch liegenbleiben will, können Sie ihn ja aufmunternd in den Po oder sonst wohin beißen, allerdings Bisse gehören nun einmal nicht zu den staatlich anerkannten Massagetechniken. Irgendwie werden Sie es schon schaffen, daß er sich umdreht. Nehmen wir also an, Ihr Partner liegt jetzt auf dem Rücken. Sie werden gut daran tun, Zeichen von Erregung zu übersehen und natürlich auch eigene Gefühlswallungen zu verbergen, denn es soll ja weitergehen, und nichts ist so schön wie die Vorfreude.

11. Sie setzen sich zu Füßen Ihres Partners und nehmen nun jede einzelne seiner Zehen in beide Hände. Jede Zehe reiben Sie einige Sekunden lang zwischen Ihren Fingern, und zwar von der Spitze her zum Körper hin.

12. Sie streichen und kneten den Fußrücken aus.

13. Sie umfassen nun die Knöchel und pressen sie mit pumpendem Druck aus.

14. Sie streichen mit gewölbter Hand vom Knöchel hoch bis zum Knie, umkreisen die Kniescheibe und kommen mit der Hand zum Knöchel zurück.

15. Dann streichen, reiben, kneten, klopfen Sie die Ober-

schenkel, halten sich aber wiederum eine Handbreit von den Genitalien entfernt, auch wenn es Ihnen schwerfallen sollte. Vielleicht verleiht Ihnen die Vorstellung Widerstandskraft, Sie würden Ihre Lizenz für Massage verlieren, falls jetzt eine Ihrer Hände ausrutschen sollte. Lassen Sie sich auch nicht von irgendwelchen Bitten Ihres Partners erweichen, es sei denn, er beweist Ihnen unmißverständlich, daß ihm die ganze Angelegenheit wenig Spaß bereitet.

16. Sie massieren Finger für Finger, so wie Sie noch vor einigen Minuten Zehe für Zehe massiert haben.

17. Dann kommen die Handrücken, die Handgelenke und schließlich die Unterarme dran.

18. Ganz zart streichen Sie dann die Armbeugen kreisend aus, natürlich wie bei allen Körperteilen erst den einen, dann den anderen, also nicht aus Rationalisierungsgründen jeweils eine Zehe links und eine Zehe rechts oder das linke und rechte Knie gleichzeitig.

19. Nun massieren Sie einigemale vom Brustbein weg oberhalb und dann unterhalb der Brust bis zum Oberarm. Vielleicht verwenden Sie dabei die Vibrationstechnik und lassen Ihre Finger Zentimeter für Zentimeter weiterwandern.

20. Schließlich massieren Sie mit flacher Hand im Uhrzeigersinn den Bauch Ihres Partners. Zwischendurch legen Sie Ihre flache Hand etwas unterhalb seines Nabels und bringen die Bauchdecke zu schnellen Schwingungen. Bitte dies aber nicht zu energisch, es könnte sonst sein, daß Ihr Partner kurz vor der Hauptsache um Entschuldigung bittet, weil er irgendwelche Winde ablassen, Wasser abschlagen oder gar große Dinge erledigen muß. Sie dürfen mir glauben, daß es nach seiner Rückkehr vom WC einige Zeit dauern würde, bis Sie ihn wieder in der alten Stimmung hätten.

Ja, liebe Leserin, es bleiben nun noch einige Körperteile übrig. Ich denke jetzt aber nicht an das, woran Sie wahrscheinlich denken. Ich denke an das Gesicht. Nur wirklich gefühlvolle Hände sollten sich an eine Gesichtsmassage wagen. Nehmen Sie statt Ihrer Finger Ihre Lippen und küssen Sie seine Stirn, massieren Sie damit seine Augenbrauen, seinen Nasenrücken, seine Lippen, seine Ohrläppchen und was sonst Ihnen beiden noch Spaß bereitet.

Ja, und nun kommt doch noch das, worauf Sie bestimmt schon lange gewartet haben, sollten Sie eine erotische Massage angestrebt haben. Wenn das nicht kommt, dann war wahrscheinlich alles umsonst. Trösten Sie sich in diesem Fall damit, daß Ihre Massage für Ihren Partner wenigstens durchblutungsfördernd war und auch Ihnen nicht geschadet hat. Betrachten Sie Ihre Anstrengungen als kleine Bewegungstherapie, die zwar einen Trimm-Dich-Pfad nicht ersetzt, aber für Sie besser war als gar nichts. Kommen Sie beide aber zu der Überzeugung, daß Sie eigentlich weiter machen sollten, dann setzt jetzt das ein, was man gewöhnlich Vorspiel nennt und das Sie in so vielen Sexbüchern beschrieben finden, daß ich dazu nichts mehr sagen muß. Nur einen guten Rat: Greifen Sie nicht sofort ins Volle. Auch eine Intimmassage sollte keine Vergewaltigung sein. Richten Sie sich nach den Wünschen Ihres Partners. Stellen Sie also Fragen! Und denken Sie daran, daß weicher noch als die weichsten Finger Lippen sein können.

Der Sinn dieser Massage ist in erster Linie, den Partner zu entspannen und seinen Körper „durchlässig“ zu machen für sinnliche Zärtlichkeit. Gelingt Ihnen dies gut, kann es sein, daß Ihr Partner mit geschlossenen Augen daliegt, einigema-

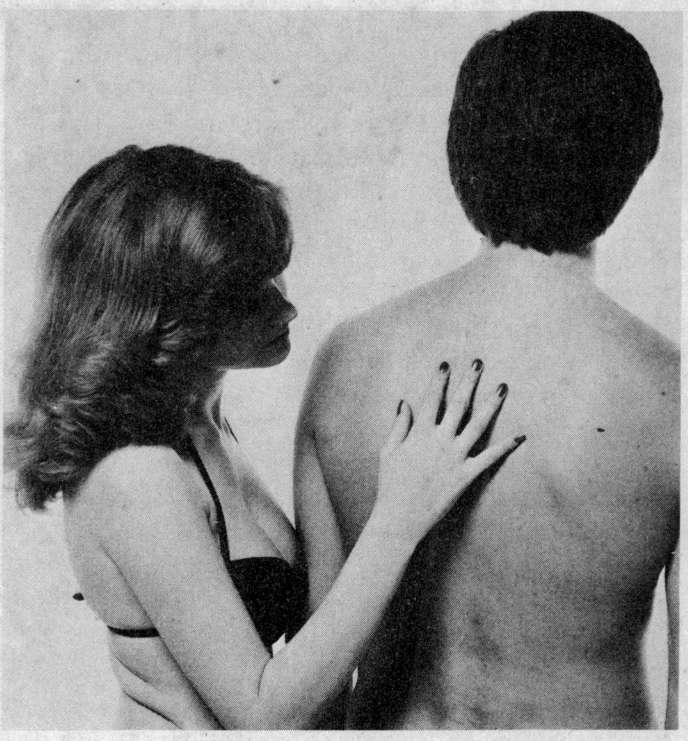

BEISPIEL EINER STREICHMASSAGE

Sie können mit der ganzen Handfläche massieren, entweder mit geschlossenen oder leicht gespreizten Fingern. Aber auch die Rückseite Ihrer Hand eignet sich als Instrument, indem Sie etwa mit der Rückseite Ihrer Hände den Rücken Ihres Partners hinaufstreichen und dann mit den Handflächen auf seinem Körper zurückfahren. Grundregel: Je größer die Kontaktfläche zwischen Ihren Händen und dem Körper Ihres Partners ist, um so angenehmer wird dies empfunden.

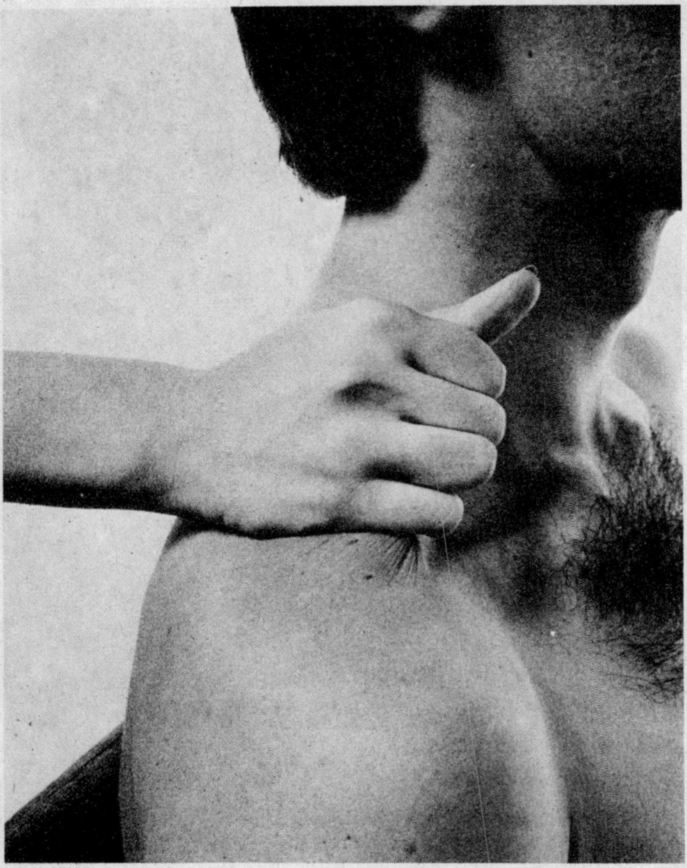

BEISPIEL EINER KNETMASSAGE

Ihre ausgestreckten Finger erfassen eine Hautfalte oder einen Muskel. Gestreckt laufen nun die Finger gegen Ihren Daumen oder Ihren Handballen. Stellen Sie sich dabei vor, Sie drücken sanft Hautfalte oder Muskel aus.

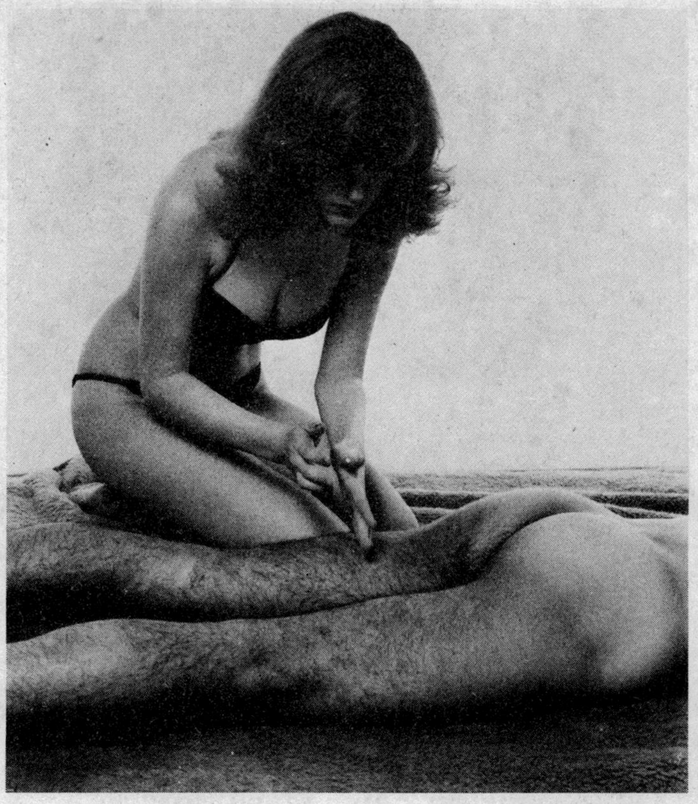

BEISPIEL EINER KLOPFMASSAGE

Sie trommeln aus lockeren Handgelenken heraus mit den Handflächen oder mit den Handkanten (bei leicht gespreizten Fingern!) auf den Körper Ihres Partners. Aber bloß dort, wo sich viel Muskelmasse anbietet, etwa am Po oder an den Oberschenkeln. Nur Masochisten haben es gern, wenn man ihre Knochen bearbeitet.

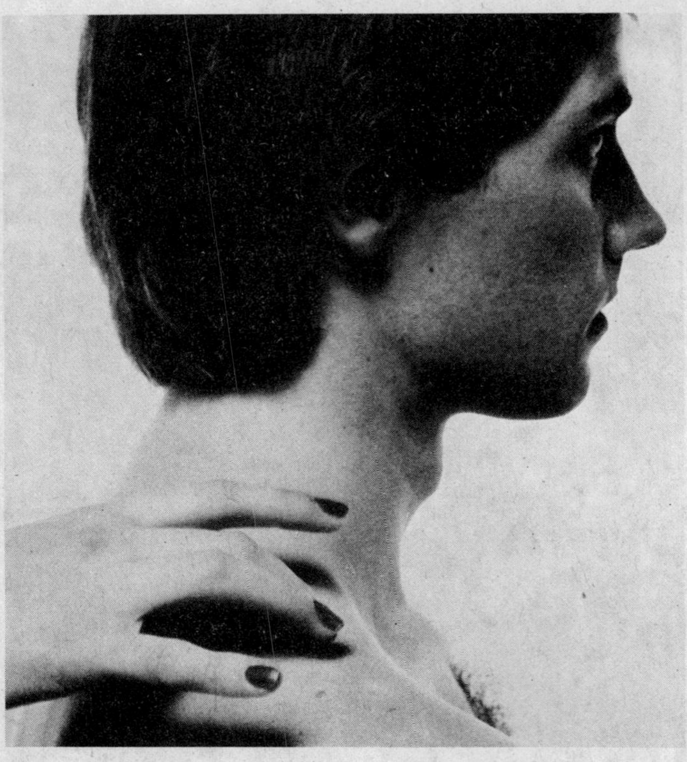

BEISPIEL EINER VIBRATION

Wichtig, daß sich die Schüttelbewegungen Ihres Unterarmes bei lockerem Handgelenk in den Körper des Partners fortpflanzen. Wechseln Sie ab; vibrieren Sie einmal nur mit einem Finger – wie hier im Bild – oder mit mehreren Fingern, ein andermal legen Sie Ihre ganze Handfläche auf. Sie können aber auch einen Muskel oder eine Hautfalte erfassen und dann Ihre Hand vibrieren lassen, so als würden Sie einem Hund den Nackenpelz ausschütteln.

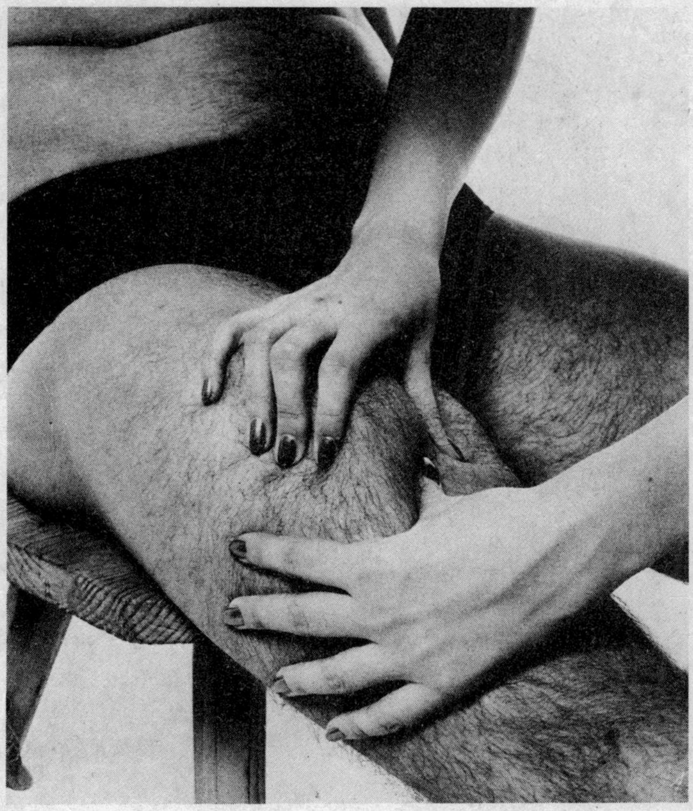

BEISPIEL EINER PRESSAGE

Hier sehen Sie es ganz deutlich: Während die Hände mit abgespreizten Daumen und geschlossenen Fingern einen fülligen Muskel (Oberschenkel, Oberarm) entlangwandern, nähern sich die Hände bei jeder Vor- und Rückwärtsbewegung etwas, als wollten sie den Teil des zwischen den Händen liegenden Muskels zusammenschieben.

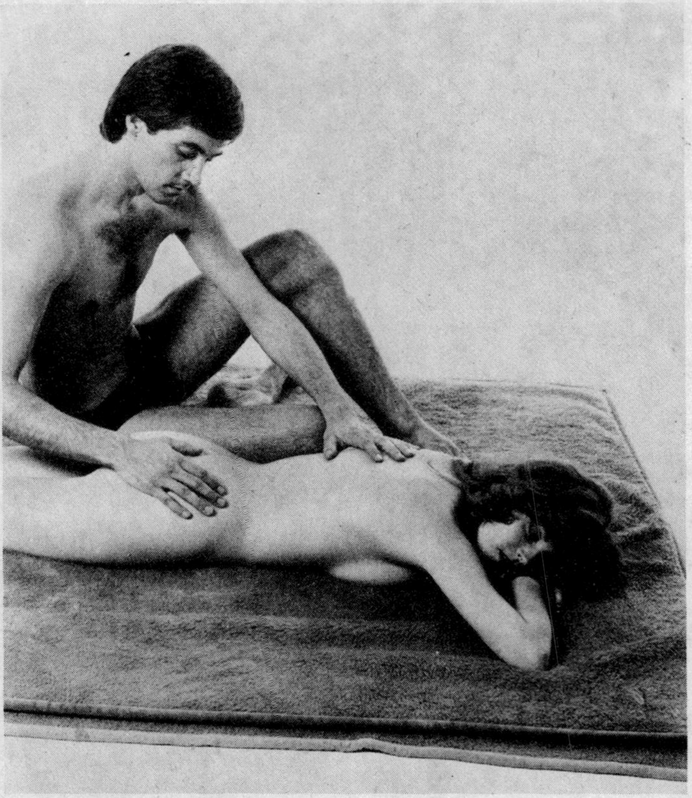

BEISPIEL DES AUSSTREICHENS DER BECKENKÄMME

Die rechte Hand streicht von der Körpermitte langsam den oberen Rand des Beckenkamms entlang bis zur Hüfte, wobei die Fingerspitzen stärkeren Druck ausüben als etwa der Handballen. Beachten Sie bitte: die linke Hand des Massierenden ruht kontaktsuchend auf dem Körper des Partners.

BEISPIEL PARAVERTEBRALEN STREICHENS

Mit einzelnen Fingern oder dem Knöchel eines gekrümmten Fingers oder mit beiden Handflächen streichen oder reiben Sie die Gegend beidseits der Wirbelsäule hinauf und herunter. Es ist für den Massierenden bequemer, wenn er sich dabei auf den Po des Massierten setzt.

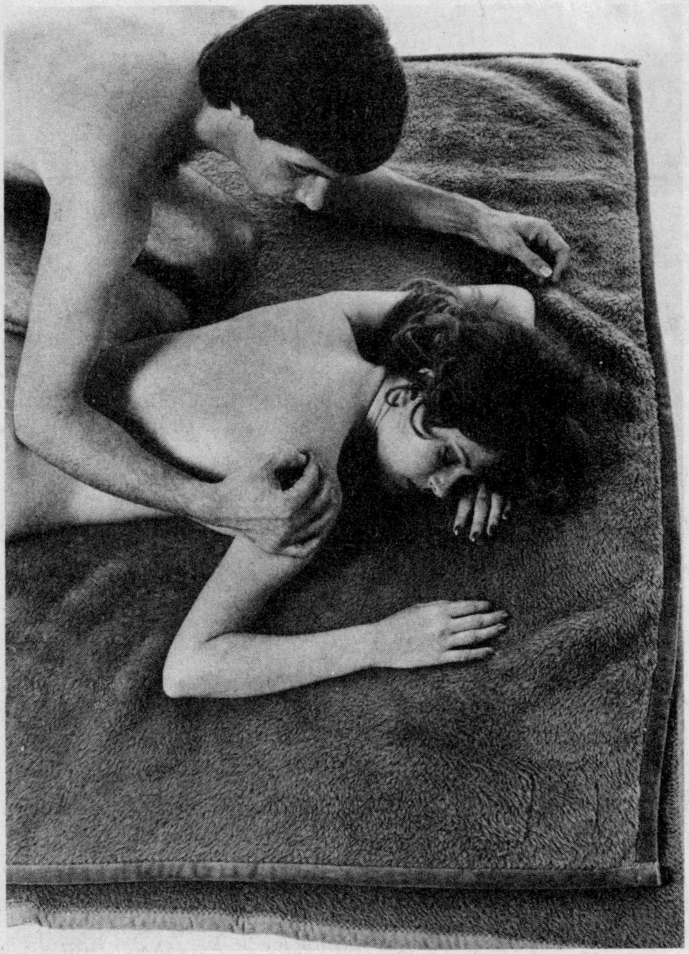

BEISPIEL DES AUSSTREICHENS DES SCHULTERBLATTS

BEISPIEL DES AUSSTREICHENS DES INTERCOSTALRAUMES

Der Daumen oder ein Finger zieht langsam weg zwischen zwei Rippen von außen zur Wirbelsäule hin. Hier benützt der Massierende den Daumen seiner rechten Hand, während die linke beruhigenden Kontakt mit dem Partner aufrechterhält.

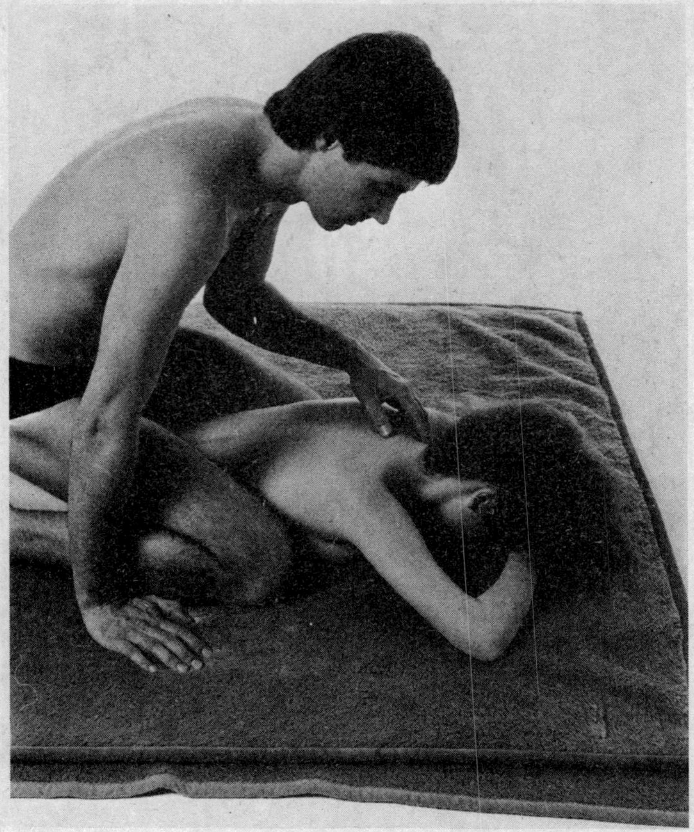

BEISPIEL EINER VIBRATION
AM SCHULTERGÜRTEL

Hier führen mehrere Finger eine Vibration zur Lockerung der Schultermuskulatur durch. Vergessen Sie nicht: Sie können die Schultermuskulatur auch ausstreichen, reiben, auskneten, ja sogar klopfen.

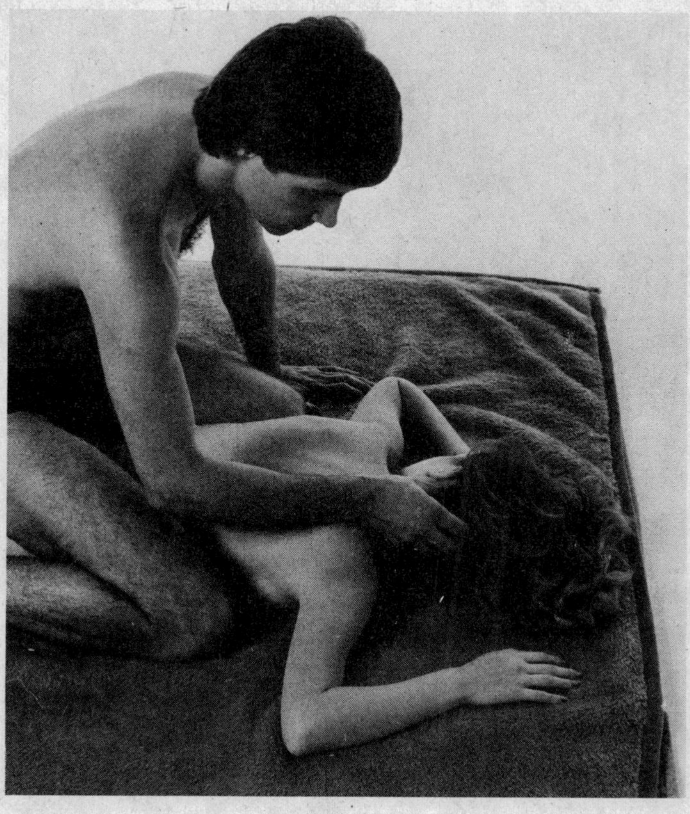

BEISPIEL EINER NACKENMASSAGE

Die geöffnete Hand zieht langsam entlang der Halswirbelsäule bis zum Hinterkopf hoch und kehrt auf demselben Weg zur Ausgangsposition zurück, wobei der Druck von Daumen und Fingern bei der Abwärtsbewegung zunimmt. Sie können aber auch mit beiden Händen die Nackenmuskulatur lockern.

BEISPIEL EINER MASSAGE DES HINTERHAUPTS

Mit kreisenden Strichen oder Vibrationen massiert hier die Partnerin den Hinterkopf, wobei ihre linke Hand die Stirn des Partners stützt.
Sicherlich hat er auch nichts dagegen, daß Ihr Busen seinen Rücken berührt.

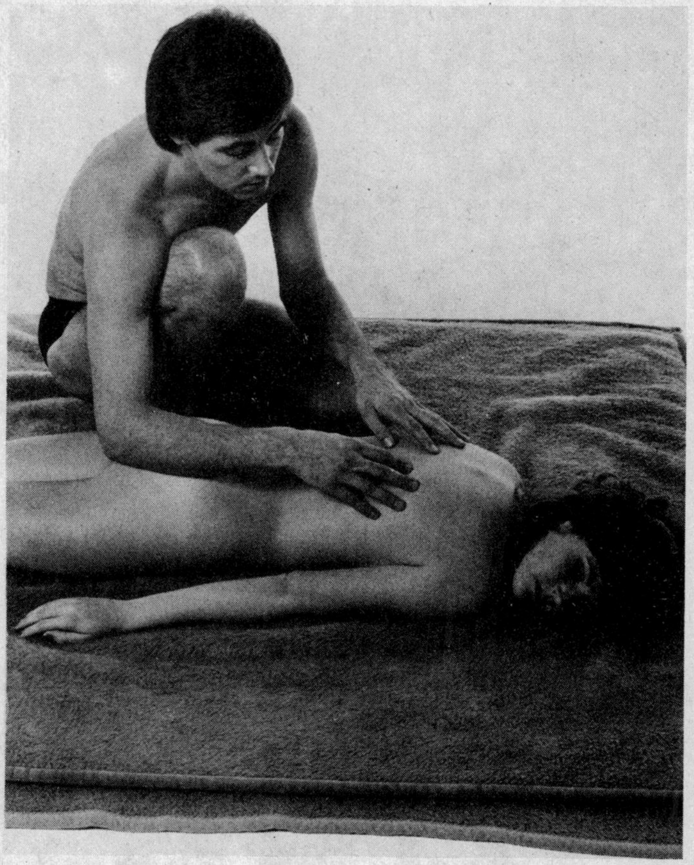

BEISPIEL DES ABSCHLUSSES EINER RÜCKENMASSAGE

Leicht wie Schmetterlingsflügel huschen die Finger von den Ellbogen über die Schulterblätter bis zum Gesäß, wobei sie Wellenlinien ausführen.

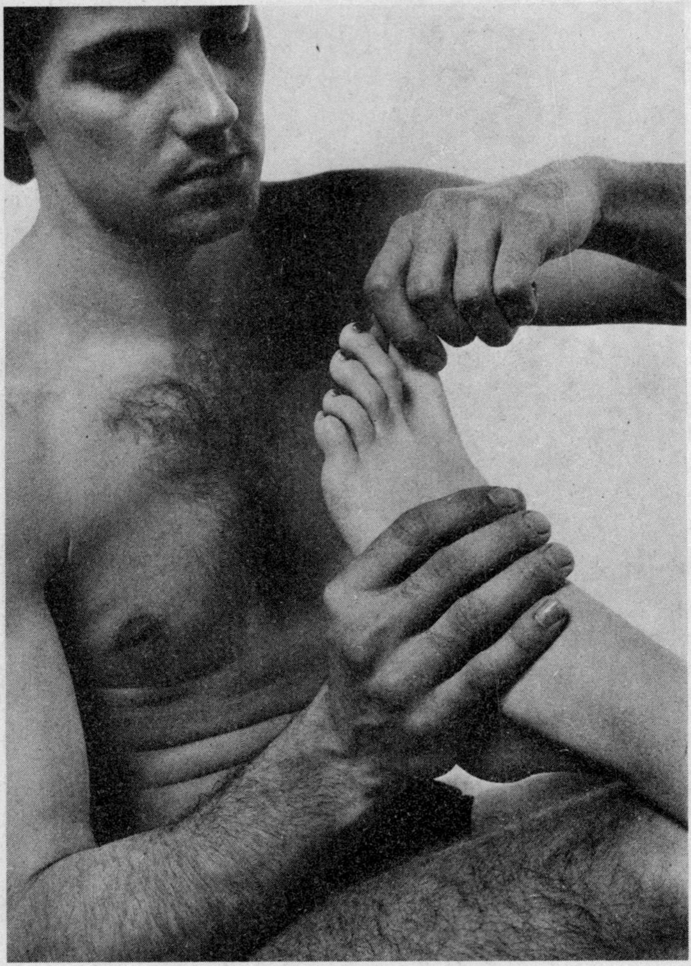

BEISPIEL EINER MASSAGE DER ZEHEN

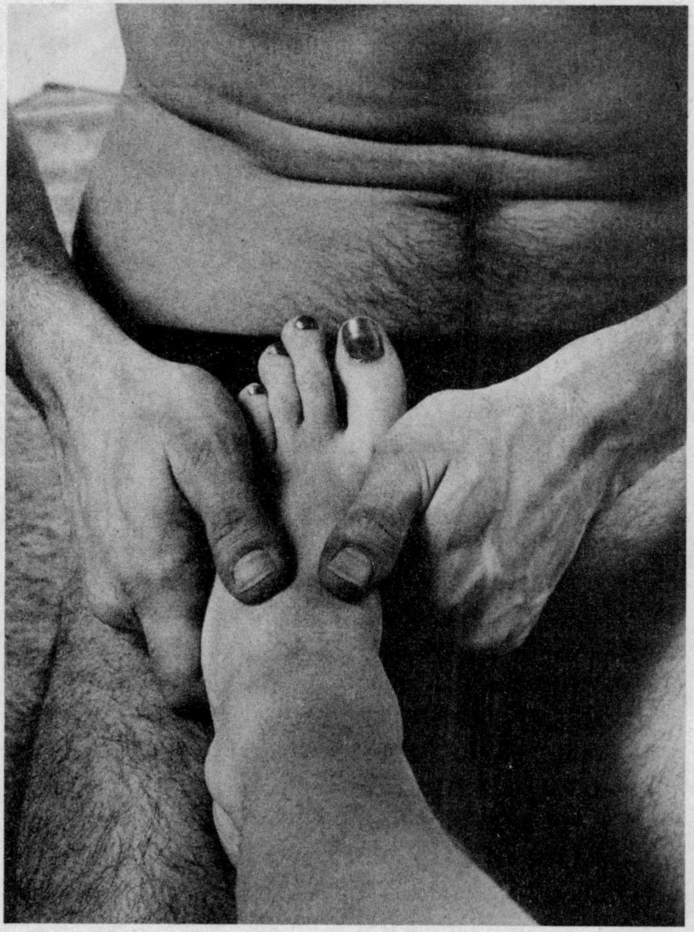

BEISPIEL DER MASSAGE DES FUSSRÜCKENS

Während die Daumen den Fußrücken massieren, streichen die Finger die Fußsohle aus.

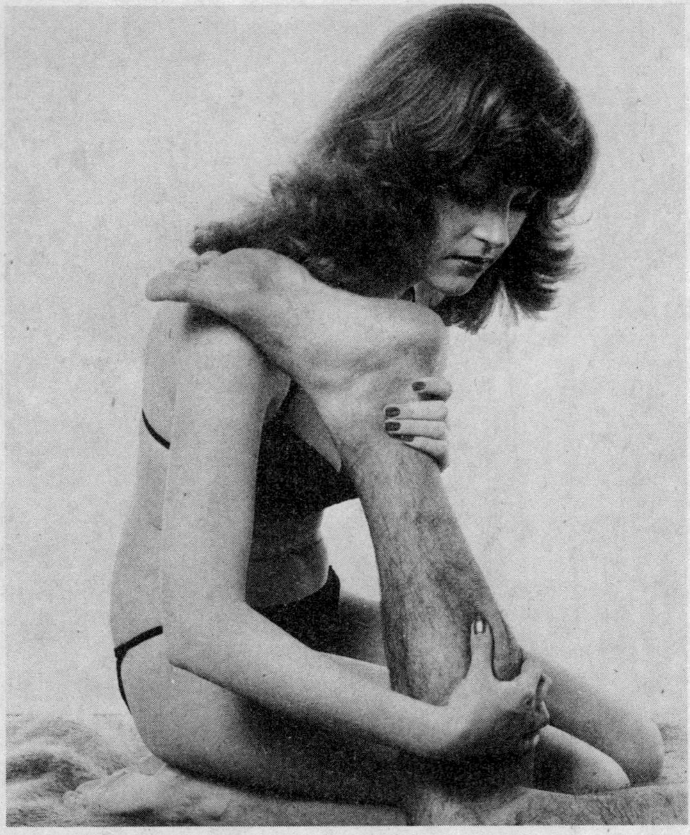

BEISPIEL EINER MASSAGE DES UNTERSCHENKELS

Hier knetet die Partnerin seine Wadenmuskulatur aus. Beachten Sie bitte, daß sie mit ihrer Schulter den Fuß ihres Partners stützt: angenehm für ihn und zusätzlicher Kontakt für beide.

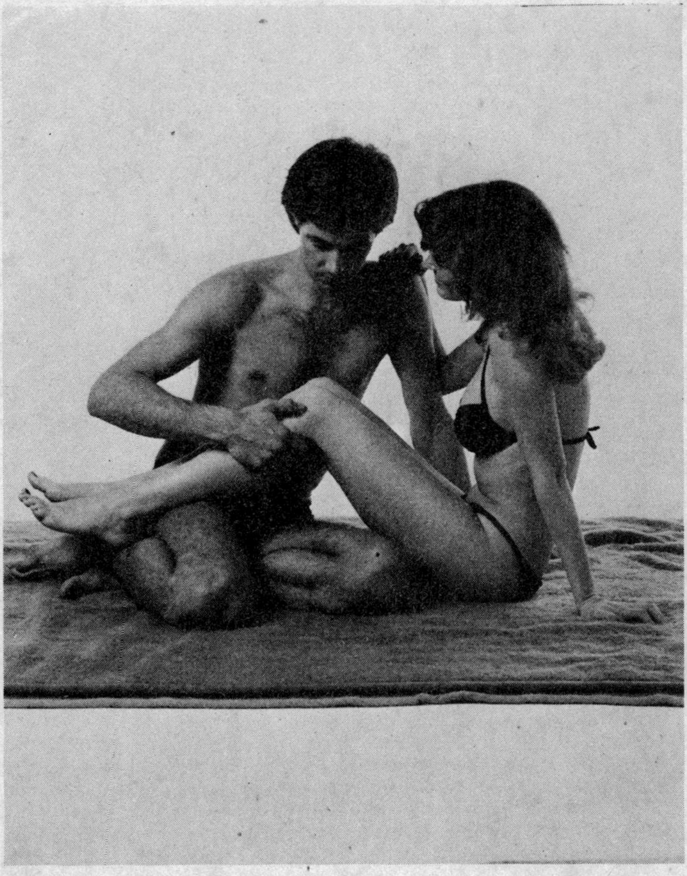

BEISPIEL EINER MASSAGE DES UNTERSCHENKELS

Beachten Sie bitte, wie die rechte Hand der Partnerin Kontakt sucht. Natürlich kann die Massage der Beine auch am liegenden Partner durchgeführt werden.

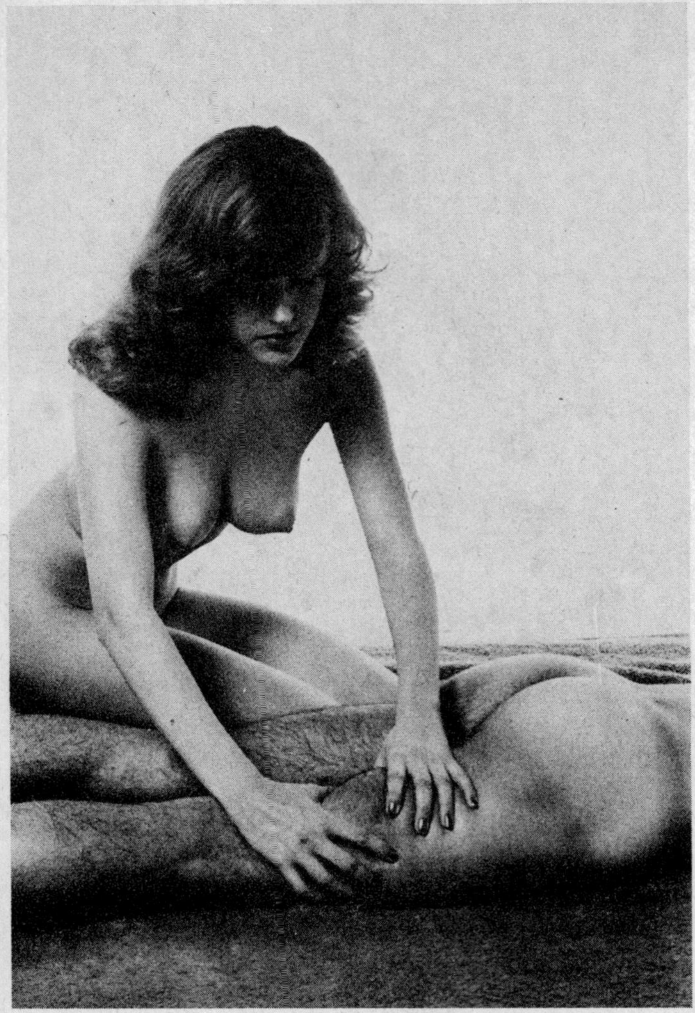

BEISPIEL EINER PRESSAGE AM OBERSCHENKEL

BEISPIEL EINER STREICHMASSAGE DES OBERSCHENKELS

Die linke Hand des Massierenden kann seine Partnerin halten.

BEISPIEL EINER HANDMASSAGE

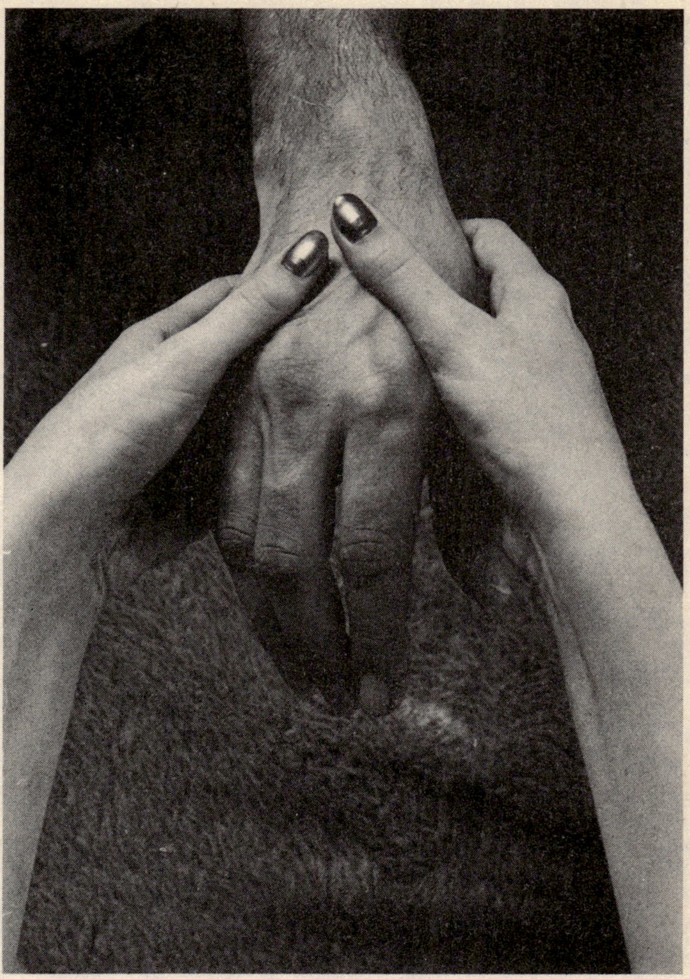

BEISPIEL EINER MASSAGE DES HANDRÜCKENS

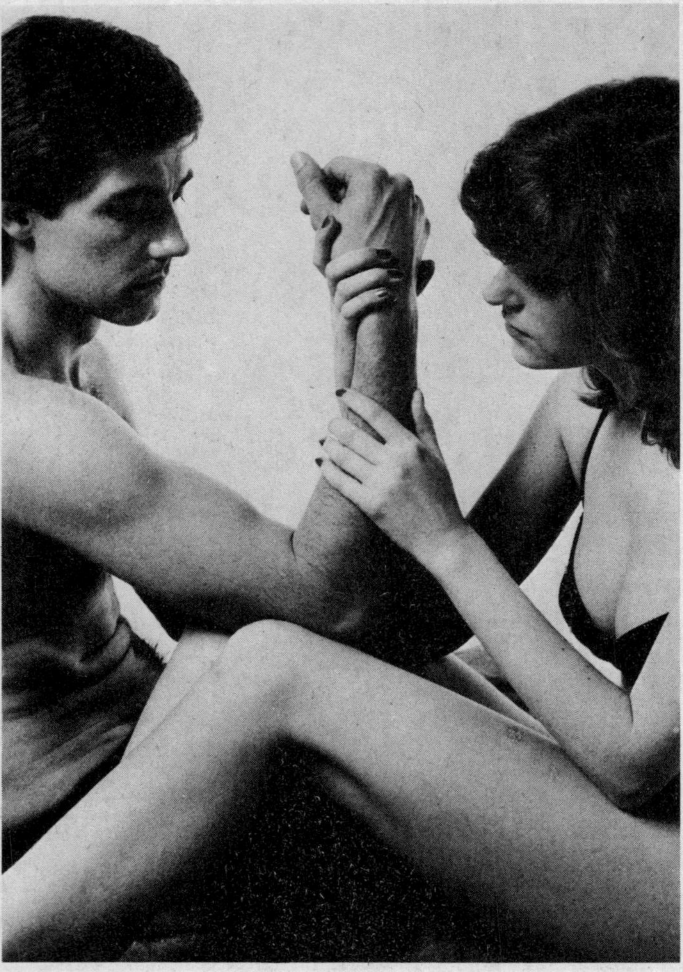

BEISPIEL EINER MASSAGE DES UNTERARMS

BEISPIEL EINER MASSAGE DES OBERARMS

Beachten Sie bitte, was dabei der Mund der Partnerin macht.

BEISPIEL EINER ZÄRTLICHEN STREICHUNG

Von „Pattes d'araignée" (Spinnenfüße) sprechen die Franzosen, wenn die Fingerkuppen nur ganz leicht über die Haut streichen.

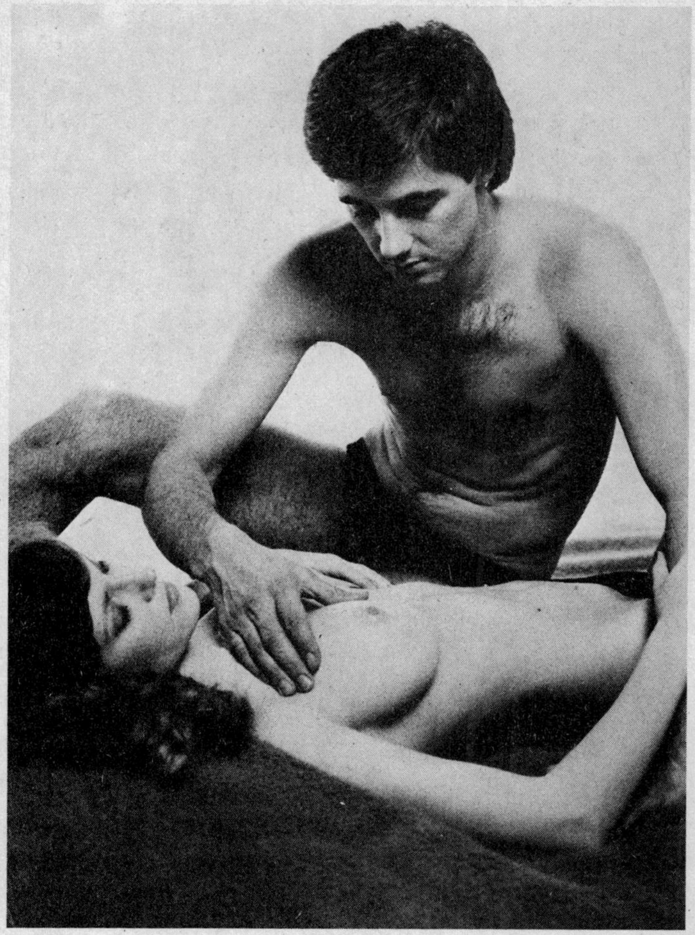

BEISPIEL EINER BRUSTMASSAGE

Die Hand streicht vom Brustbein weg oberhalb und unterhalb der Brust bis zum Oberarm.

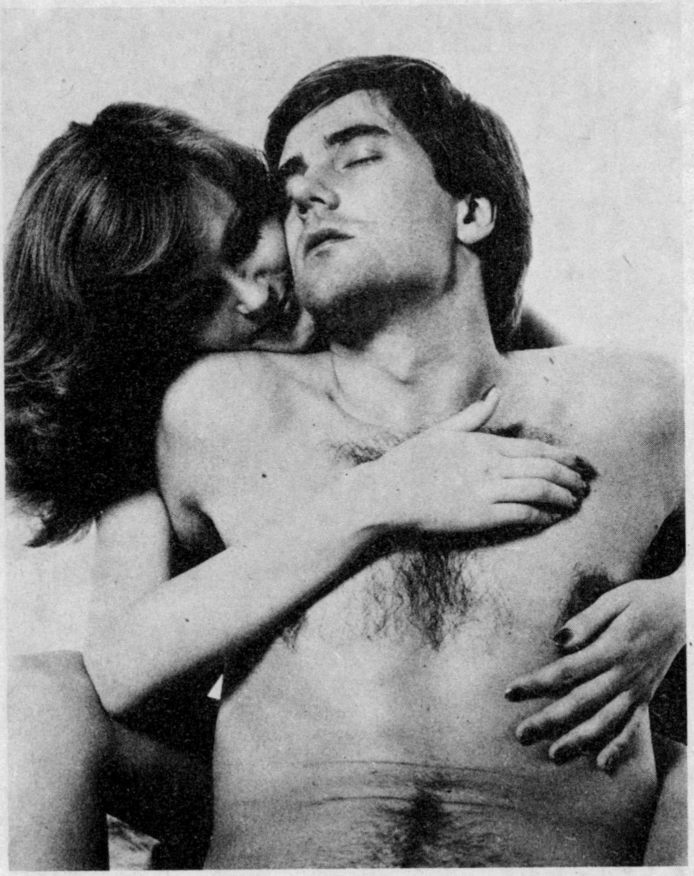

BEISPIEL EINER BRUSTMASSAGE

Hier vibriert die Hand die Herzzone (oberhalb und unterhalb der Brust) aus. Diese Massagehaltung ist nicht „klassisch“, aber bestimmt für beide Partner recht angenehm.

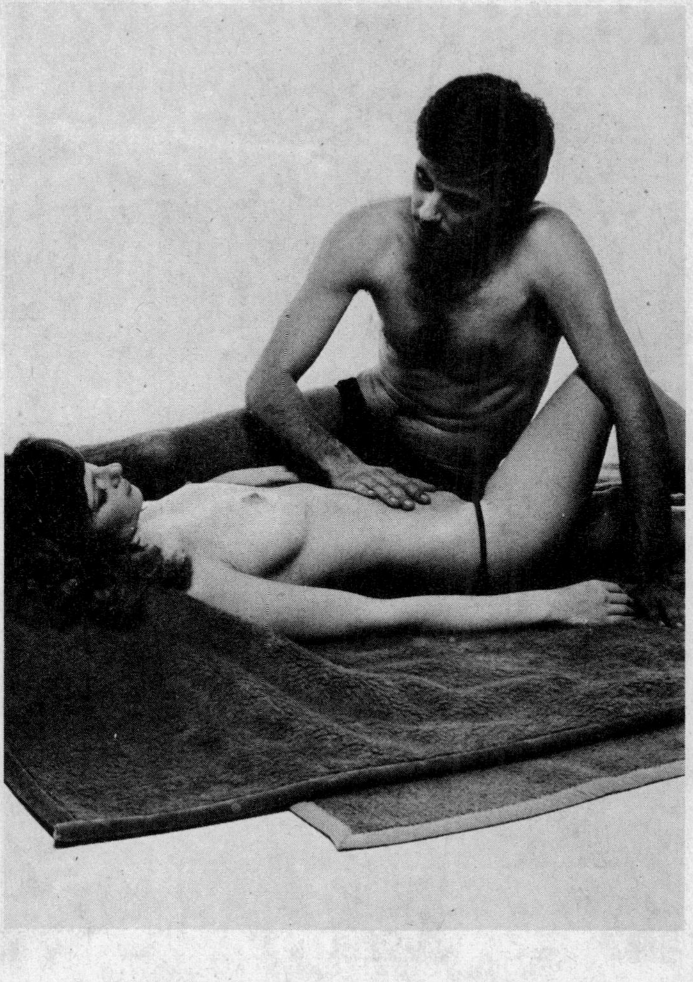

BEISPIEL EINER BAUCHMASSAGE

Hier vibriert die flache Hand auf der Bauchdecke. Die Finger können auch im Uhrzeigersinn die Bauchdecke ausvibrieren.

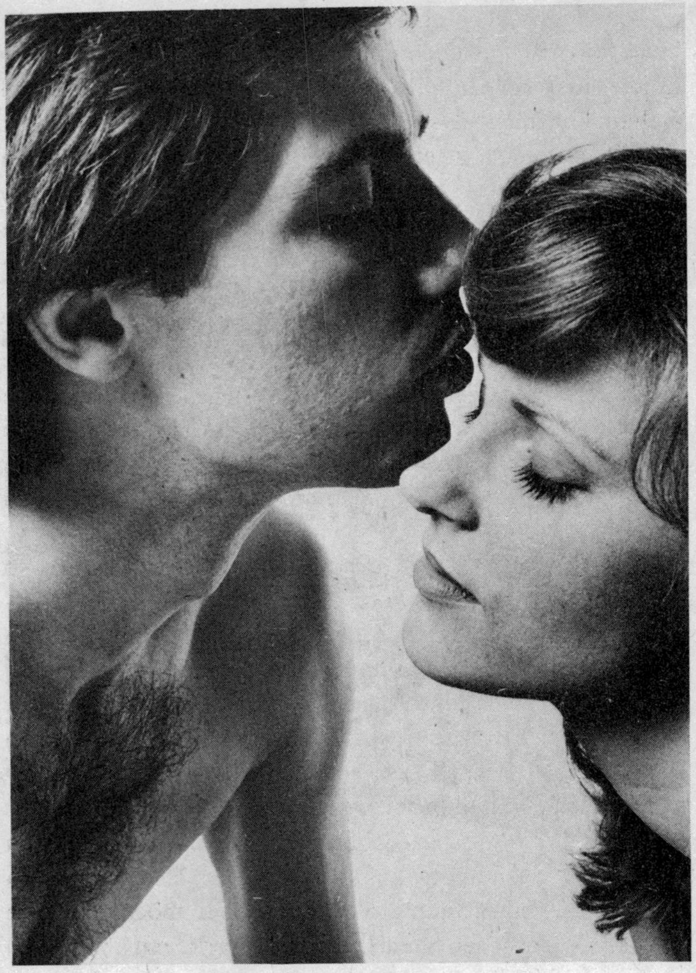

BEISPIEL EINER UNORTHODOXEN
GESICHTSMASSAGE

le vor Vergnügen regelrecht grunzt und sich nicht mehr bewegen will, vielleicht nicht einmal mehr zum Sex. Er müßte aber ein Gefühlsrohling sein, würde er eine solche Behandlung nicht als spürbaren Ausdruck Ihrer Zärtlichkeit empfinden. Auch wenig sinnliche Menschen werden durch häufige, sinnlich durchgeführte Massagen sensibilisiert, so daß Massagen in der beschriebenen Art gerade verklemmten, gehemmten oder stumpfen Menschen verordnet werden müßten.

Sie sollten sich mit Ihrem Partner vorher einig sein, was nach der Massage kommt. Man braucht dies ja nicht in einer Art „Punkt der Tagesordnung" festzulegen. Wie es um Sie steht, wissen Sie selber am besten. Ob Ihr Partner nach der Massage noch zu etwas anderem aufgelegt ist als zum Einschlafen, erahnen Sie bestimmt aus seinem bisherigen Lebensrhythmus.

Sie können also die vorher beschriebene Massage so einrichten, daß Sie sich nur auf Entspannung und Kontaktpflege (im wahrsten Sinne des Wortes) beschränkt. Dazu würde ich Ihnen raten, solange Sie noch nicht gut massieren können. Natürlich macht auch hier die Übung den Meister. Lassen Sie sich also vom Ausbleiben von Komplimenten am Anfang nicht abschrecken. Haben Sie eine gewisse Fertigkeit erreicht, so daß Sie sich als Massierender kompetenter fühlen und der Massierte genußvoll entspannen kann, dann können Sie dazu übergehen, die Massage als Vorspiel zum Vorspiel zu betrachten. Vor einem aber möchte ich Sie warnen: Vermischen Sie nicht Massagegriffe mit absichtlich erotischen Handlungen. Also nicht während der Rückenmassage die Geschlechtsteile berühren und dann den Partner eine Viertelstunde auf dem Rücken liegen lassen, damit Sie seine Vorderseite bearbeiten können. Sie können natürlich die Massage zu jedem Zeitpunkt in Sexspiele übergehen lassen. Und mehrmals wird dies auch der Fall sein, weil entweder Sie oder Ihr Partner es ganz einfach nicht mehr aushalten. Gut! Mit meiner Bitte, Massage und sexuelle Aktivitäten zu trennen, möchte ich Sie vor folgendem bewahren: Massage soll in Ihrem Leben mehr werden als nur ein Vorspiel mit Knetungen, Hacken und Erschütterungen. Massage soll Ihren Partner erst richtig entspannen. Dann erlebt er die folgende Anspannung der sexuellen Aktivitäten um so genußvoller. Außerdem bringt, und darum geht es ja auch, die das Vorspiel einleitende Massage den Reiz des Neuen in Ihre Verbindung und macht den Partner noch aufnahmefähiger für sinnliche Reize.

Nehmen wir an, liebe Leserin, Sie beklagen schon seit langem, daß Ihr Mann in sexuellen Dingen so direkt ist. Anders ausgedrückt: Er ist vielleicht ein gewaltiger Bumser vor dem Herrn, aber kein zärtlicher Liebhaber. Warum bitten Sie ihn dann nicht einmal, Sie zu massieren? Schildern Sie ihm Ihren „Fall". Acht Stunden Büroarbeit, Verkrampfung an der Schreibmaschine, Verkrampfungen auf der Heimfahrt durch überfüllte Straßen, Vorbereiten des Abendessens, Hausputz . . . „Du könntest mich eigentlich einmal massieren. Ich bin am Rücken und am Nacken ganz verspannt." Verkäuferin, Hausfrau oder Fließbandarbeiterin zu sein, ist natürlich ein ebenso guter Grund, massiert zu werden.

Ihr Partner aber sagt: „Ich habe doch keine Ahnung vom Massieren."

„Ich zeige es dir."

Wollten Sie mit der Massage Sex verbinden, werden Sie so klug gewesen sein, den richtigen Zeitpunkt dafür zu wählen, also zum Beispiel ein langweiliges Fernsehprogramm. Und dann zeigen Sie Ihrem Mann, wie man massiert. Vielleicht haben Sie es zuvor an einem Ihrer Kinder, an einer Schwester oder Freundin ausprobiert und geübt.

Und dann lassen Sie sich von Ihrem Partner massieren. Loben Sie ihn! Sagen Sie ihm: „Für den Anfang machst Du das phantastisch. Wenn du es aber so und so machen würdest, wäre es vielleicht noch entspannender." Oder Sie sagen: „Das tut gut, wie du das machst, aber ich empfinde einen gewissen Schmerz an der Stelle. Vielleicht kannst du da etwas sanfter sein."

Nun sollen natürlich bei einem wirklichen Liebespaar Massage und Vorspiel nicht eine Einbahnstraße sein. Einer macht's, und der andere genießt's? Nein, beide machen es, und beide genießen es! Und wenn Sie es richtig machen, werden Sie am Ende noch eine Münze hochwerfen müssen, um zu entscheiden, wer heute dran ist. Denn auch das kann zu einem kleinen Problem werden. Natürlich nicht zwischen zwei vernünftigen Partnern. Sollte aber die Zeit nur für eine Massage reichen und nicht für gegenseitige Massagen, dann empfiehlt es sich, daß der weniger sinnliche Partner massiert wird bzw. derjenige, der es aus gesundheitlichen Gründen notwendiger hat (Verspannungen, Verkrampfung, Ärger im Geschäft, Erschöpfung usw.).

Wünschen Sie sich aber eine Simultanmassage, also eine zur gleichen Zeit stattfindende gegenseitige Massage, dann legen Sie sich auf eine bequeme Unterlage, am besten ins Bett, nehmen sich, mit dem Gesicht einander zugewandt, in die Arme und massieren sich nun mit der jeweils freien Hand. Zugegeben, dabei wird es vorwiegend nur zu einer Massage des Pos, Rückens, Nackens, Hinterhaupts und schließlich der Rückseite der Oberschenkel kommen.

Durch leichte Drehungen kann man aber auch die Vorderseite der massierenden Hand zugängig machen. Vielleicht nehmen Sie beim Übergang von der Entspannungsmassage zum Vorspiel die sogenannte X-Stellung ein. Wir gehen also davon aus, einer hat den anderen massiert oder beide haben es getan. Es besteht aber noch das Bedürfnis nach weiterer Massage, oder wie wir jetzt wohl sagen dürften, nach weiterer Zärtlichkeit. Dann bietet sich als ideale Lösung die X-Stellung an, die Sie einnehmen können, indem Sie zuerst auf der linken oder auf der rechten Seite liegen. Aus Gründen der Deutlichkeit entscheiden wir uns hier bei der Beschreibung für nur eine einzige Darstellung. Liebe Leserin, Sie liegen auf Ihrer rechten Seite. Ihr Partner liegt hinter Ihnen, ebenfalls auf der rechten Seite, und zwar ganz eng an Ihnen. Nun machen Sie beide eine Vierteldrehung nach links. Sie legen jetzt Ihr linkes Bein über den linken Oberschenkel Ihres Partners. Er wiederum umfaßt mit seinen Beinen Ihren rechten Oberschenkel. In dieser Stellung hat jeder eine Hand frei, um seinen Partner zu massieren. Ich sage „massieren", es könnte natürlich auch streicheln heißen. Außerdem sind die Geschlechtsteile frei zugänglich, sei es zur Selbst- oder zur Partnerbehandlung. Obendrein erlaubt die X-Stellung, daß sich bei diesem Spielchen Partner auf Wunsch beobachten können. Und wie erregend dies sein kann, darüber haben wir uns bereits früher unterhalten. Ein weiteres Plus dieser erotischen Massagehaltung ist die Tatsache, daß es zu jeder Zeit zu einer Vereinigung der Geschlechtsteile kommen kann, sei es, daß der Mann seinen Penis einführt, sei es, daß die Frau, ungeduldig geworden, dies für ihn erledigt. Zum Schluß noch eine Massagegruppierung, die mehrere Vorteile miteinander verbindet, wie Sie gleich sehen werden. Der massierende Partner setzt sich in die Mitte einer Couch. Am besten unbekleidet. Die zu massierende Person legt sich über ihn. Ein Kissen unter der Brust des ausgestreckten Partners verhindert, daß er sich verkrampft. Unter Umständen stützt er sein Kinn in die Handflächen und kann dann zum Beispiel fernsehen. Besser natürlich, wenn man die Augen schließt und ganz bewußt die Behandlung genießt. Mit Ausnahme der Waden und Füße ist bei diesem Arrangement der ganze Körper des Partners im Bereich des Massierenden und der Übergang am Ende der Massage zu Sexspielen besonders leicht. Freilich, bei dieser Anordnung der Körper läßt sich nicht die Vorderseite massieren. Vielleicht haben Sie selbst aber schon bei einer medizinischen Massage festgestellt, daß der Behandlung des Rükkens und Nackens meist mehr Bedeutung zukommt als der des ganzen übrigen Körpers. Äußerst angenehm erotisierend wirkt sich der enge Körperkontakt der Partner aus, ferner die leichte Erreichbarkeit von Po, Oberschenkel, Kniekehlen und Nacken bzw. Hinterhaupt.

Ein letzter Versuch

„Alles schon probiert und nichts erreicht!" Vielleicht kommen Sie jetzt zu diesem Schluß, nachdem Sie fast am Ende unseres Buches angelangt sind. Trotzdem bitte ich Sie, noch nicht aufzugeben.

Sollten Ihre Probleme von sexuellen Störungen herrühren, dann besteht meist eine berechtigte Hoffnung auf Besserung, so zum Beispiel bei Orgasmusschwierigkeiten der Frau, Erektionsstörungen des Mannes oder zu schnellem Samenerguß. Hat der Arzt keine organische Ursache gefunden – und meistens ist keine organische Ursache zu finden – dann gehören Sie in die Hände eines Fachmannes. Aus meiner täglichen Arbeit weiß ich, wie oft man schnell entscheidend helfen kann.

Freilich, in einigen Fällen wird eine Behandlung beider Partner notwendig. Da zu mir auch Dicke, Schlafgestörte, Gestreßte, Raucher und Beinahe-Alkoholiker kommen, weiß kein Mensch, welche Probleme den einzelnen hergeführt haben.

Sollten Ihre Schwierigkeiten vor allem in einer mehr oder weniger ausgeprägten Interesselosigkeit am Körper Ihres Partners oder in geringer sexueller Erregbarkeit bestehen, auch dann ist Ihnen wahrscheinlich zu helfen, vorausgesetzt, Sie wollen sich helfen lassen. Erlauben Sie mir deswegen, daß ich Ihnen einige Fragen oder Aufgaben stelle, die natürlich auch Ihrem Partner nicht schaden würden.

1. Sind Sie vielleicht zu sehr ego-konzentriert und zu wenig körper-konzentriert? Sind Sie bereit, für Ihr Ansehen, Ihren Ruf oder Ihren Ruhm große körperliche Belastungen auf sich zu nehmen? Bedeutet es Ihnen mehr, eine Vereinssitzung zu eröffnen, als mit einem lieben Partner im Bett zu liegen? Schätzen Sie den Händedruck Ihres Chefs höher als eine Liebkosung von Ihrem Partner?

Das Ego wünscht Macht und möchte herrschen. Sagen Sie aber bitte jetzt nicht: „Ich bin alles andere als herrschsüchtig." Man kann auch durch Unterwerfung herrschen und herrschen wollen. Ein Bettlägriger beherrscht oft das ganze Haus, ein schwächlicher Mensch tyrannisiert häufig die ganze Familie. Das Ego, sagte ich, wünscht Macht, der Körper Wohlbehagen. Sehen Sie, ein Ego ist vielleicht zutiefst unglücklich, weil ihm der Gastgeber nicht den Platz angeboten hat, der ihm zuzustehen scheint. Einem Po dagegen ist es gleichgültig, wo er sitzt, vorausgesetzt, er sitzt gut. Wenn Macht – und Geld zum Beispiel ist Macht – für einen Menschen das erste Ziel ist, dann leidet darunter wahrscheinlich sein Intimleben. Aus zuverlässigen Statistiken wissen wir, daß diese tüchtigen, leistungsstarken Führungskräfte der Wirtschaft, des Handels und der Politik überdurchschnittlich oft mickrige Liebhaber und miese Ehepartner sind. Nicht etwa, weil sie sich bei der Arbeit verausgaben. Nein, sie arbeiten so viel, weil sie dauernd auf der Flucht vor sich selber sind. Macht ist die Antithese zu Vergnügen. Schon als Junge geht der Ehrgeizling lieber in Parteiversammlungen als zu einem Mädchen. Und die Leistungsturnerin zieht es vor, den Abend am Reck statt im Liebesnest zu verbringen.

Frage also: Lieben Sie mehr irgendeine Form von Macht als Wohlbehagen?

2. Sind Sie vielleicht zu kopflastig? Zu intellektuell? Zu erdenfremd? Zu „überlegen?" Zu gut für diese Welt? Zu fein?

Wollen Sie eine Antwort darauf? Dann geben Sie sich *sofort* Antworten auf die Fragen: Was glaube ich eigentlich? Was fällt mir ein, wenn ich folgende Wörter höre: Gott – Erde – Menschen – Sinn des Lebens – Kinder – Eigentum – Heimat – Liebe – Sex etc. Überlegen Sie nicht lange, sondern denken Sie „frisch von der Leber weg". Sonst besteht die Gefahr, Sie basteln bereits wieder an Ihrem Selbstbildnis herum, statt es kennenzulernen, wie es ist.

Wenn Sie dann Ihre verschiedenen Bekenntnisse zusammenfassen, wird Ihnen vielleicht manches klarer. Jedenfalls geben Patienten, die sich dieser Aufgabe unterzogen haben, immer wieder zu, daß sie jetzt anfangen, sich besser zu kennen.

3. Stellen Sie sich vor, jemand bittet Sie, in aller Wahrheit und mit aller Offenheit Ihren Partner zu schildern. Und Sie sind entschlossen, dabei nur seine positiven Eigenschaften zu erwähnen. Listen Sie dabei bitte alle seine Qualitäten schriftlich auf. Selbst wenn Ihr Partner ein Teufel von Mensch sein sollte, werden Sie fündig werden. Wahrscheinlicher ist es aber, daß Ihre Liste ein stattliches Ausmaß annehmen wird. Kann man dann nicht versuchen, zu so einem Menschen wieder zärtlicher zu werden, zunächst in Gedanken, später dann in Worten und schließlich mit Taten? Vergessen Sie bitte bei dieser Analyse nichts. Denken Sie auch an kleinste Kleinigkeiten oder Selbstverständlichkeiten, zum Beispiel an einen schönen, gepflegten Fuß, guten Körpergeruch, elegante Bewegungen, treue Sorge für die Kinder, Aufmerksamkeit Gästen gegenüber usw.

4. Nun listen Sie schriftlich alle Eigenschaften Ihres Partners auf, die Ihnen mißfallen. Zu jedem Punkt formulieren Sie dann zwei oder drei Sätze, mit denen Sie ihm so schonend wie nur möglich Vorschläge machen, wie er sich bessern könnte. Natürlich wollen Sie aus ihm keinen fleckenlosen Heiligen machen. Es kommt vielmehr darauf an, zu lernen, sich mit den unangenehmen Eigenschaften eines Partners auseinanderzusetzen. Vielleicht sind wir dann hinterher weniger hart und unduldsam in unserem Urteil.
5. Schreiben Sie bitte auf, welche Komplimente man Ihnen bisher gemacht hat, gleichgültig von wem sie kamen. Kennzeichnen Sie jene Komplimente, die Ihnen besonders viel Freude bereitet haben, und fragen Sie sich, warum.

So erkennen Sie, wie sehr Sie von Anerkennung abhängig sind. So verstehen Sie aber auch besser, warum Sie manchmal von Ihrem Partner enttäuscht sind, wenn er nicht zu den Komplimentemachern zählt.
6. Natürlich können Sie alle diese Aufgaben auch mit Ihrem Partner durchspielen. Spricht aber etwas gegen diese Taktik, nützt Ihnen vielleicht eine gute Freundin oder ein treuer Freund, sich besser kennenzulernen. Etwa um Ihnen zu sagen, Sie würden zu schnell und zu energisch einen Partner mit Beschlag belegen oder ihn in Gesellschaft nicht genügend beachten. Es könnten auch nur Kleinigkeiten sein: eine zu laute Stimme, ein zu aggressives Parfüm, zu wenig gepflegte Hände, ein bläulich-verfärbter Zahn, eine leidende Miene, ein ewig wiederkehrendes Lieblingsthema usw.
7. Natürlich gibt es Fälle, die auch die zärtlichsten Kunstgriffe nicht mehr reparieren können. Glücklich, wer sich dann ohne Katastrophen von seinem Partner trennen kann. Wo aber noch Hoffnung auf Besserung besteht, sollten sich die Partner ungefähr folgende Fragen stellen:

- Weiß eigentlich mein Partner, was mich am meisten an ihm stört? Habe ich ihm genügend Zeit gegeben, sich in dieser Hinsicht zu ändern? Hat er überhaupt eine Chance, anders zu werden?

- Wann, wie und warum entspreche ich nicht meinem Partner? Bin ich bereit, mich ihm anzupassen? Läßt er mir dafür genügend Zeit?

- In welchen Punkten verstehen wir uns? In welchen differieren wir? Überwiegen die Übereinstimmungen oder die Differenzen?

Glauben Sie bitte nicht von vornherein, Ihr Partner sei unverbesserlich. Ein Beispiel. Als ein sehr stolzer, sehr eitler, sehr rücksichtsloser, sehr egozentrischer Mann merkte, daß seine Frau entgegen seinen Vorausberechnungen entschlossen war, seine Villa, in der sie von ihm mißachtet wurde, mit einer Dachwohnung zu vertauschen, in der sie glaubte, an der Seite eines kleinen Schmusers glücklich zu werden, klappte dieser Held zusammen. Sie hatte stets befürchtet, er würde sie und einen möglichen Liebhaber erschießen. Nein, er schoß nicht. Er war bereit, sein Besitztum zu verkaufen und in eine Gegend zu ziehen, wo man nichts von der Affäre seiner Frau wußte. In wenigen Stunden brach sein Kartenhaus von „Männlichkeit" zusammen. Und mancher Frau ergeht es nicht besser, wenn sie merkt, daß die Zeit des Streitens, Schmollens und Vor-sich-hin-Moserns vorbei ist.

Unser größtes menschliches Problem ist, daß wir nicht wissen, was wir nicht wissen. Jeder Mensch versteht nur so viel Geist und Gefühl, wie er selber besitzt. Je unreifer ein Mensch, um so überzeugter ist er, daß seine Art die richtige und die Art anderer Menschen verdächtig ist. Als wir auf diese Welt kamen, hatten wir keine Ahnung davon, was richtig und was falsch ist, was sich gehört und was nicht. Nie in unserem Leben haben wir mehr gelernt als damals, als wir zwei Jahre alt waren. Vielleicht denken Sie jetzt mit verhärteten Gehirnwindungen und etwas Hornhaut ums Herz, Sie könnten nichts mehr lernen. Aber es ist nie zu spät, etwas zu lernen oder sich zu ändern. Es gab eine Zeit, da Sie nicht sprechen und nicht einmal Ihre Blase oder Ihren After kontrollieren konnten. Damals lernten Sie am meisten. Schon als Baby mit zwei Stunden Lebensalter wußten Sie, was gut tut und was nicht. Kommen Ihre Schwierigkeiten vielleicht davon, daß Sie inzwischen wesentlich komplizierter, aber nicht wesentlich klüger geworden sind?